青年的思想愈被榜样的
力量所激励,就愈会发出强烈的光辉。

主　编：

李建臣：清华大学双学位，武汉大学博士，编审，中国作家协会会员，中国科普作家协会会员，中宣部文化体制改革办公室副主任

副主编：

刘永兵：海军大校，编审，《海军杂志》原主编，海潮出版社原社长

审　定：

葛能全：中国工程院原党组成员、秘书长兼机关党委书记，曾任钱三强院士专职秘书多年

编委会成员：

董山峰：《光明日报》高级记者，《博览群书》杂志社社长，清华大学校外导师

李　颍：教育博士，清华大学社会科学学院副研究员

丁旭东：副教授，艺术学博士后，中国音乐学院中国乐派高精尖创新研究中心特聘研究员，中国人生美育研究会副主任委员，中国文艺评论家协会会员

高　伟：中国文艺评论家协会会员，清华大学博士

刘逸帆：北京师范大学中国社会管理研究院副院长，《社会治理》杂志副社长兼副总编

孙佳山：知名文艺评论家，中国文艺评论家协会会员，中国艺术研究院副研究员

董美鲜：远方出版社文化教育编辑部主任，副编审

刘　瑞：北京市西城区优秀教师，北京市西城区先进教育工作者，海淀外国语实验学校教师数学备课组长

给孩子读的"中国榜样"故事

中国"问天第一人"
竺可桢

李建臣 主编

中国·武汉

图书在版编目（CIP）数据

中国"问天第一人"——竺可桢/李建臣主编. — 武汉：华中科技大学出版社，2020.10（2022.3重印）

（给孩子读的"中国榜样"故事）

ISBN 978-7-5680-6629-7

Ⅰ.①中… Ⅱ.①李… Ⅲ.①竺可桢(1890-1974)-传记-青少年读物 Ⅳ.①K826.14-49

中国版本图书馆CIP数据核字（2020）第183363号

中国"问天第一人"——竺可桢 李建臣 主编
Zhongguo Wentian Diyiren——ZhuKezhen

策划编辑：	亢博剑
责任编辑：	沈剑锋
封面设计：	胡椒书衣
责任校对：	阮　敏
责任监印：	朱　玢

出版发行：华中科技大学出版社(中国·武汉)　　电话：(027) 81321913
　　　　　武汉市东湖新技术开发区华工科技园　　邮编：430223

印　　刷：天津中印联印务有限公司
开　　本：880mm×1230mm　1/32
印　　张：7.75
字　　数：181千字
版　　次：2020年10月第1版第1次印刷　2022年3月第1版第4次印刷
定　　价：35.00元

本书若有印装质量问题，请向出版社营销中心调换
全国免费服务热线：400-6679-118　竭诚为您服务
版权所有　侵权必究

推荐序

对未来的期许,应以榜样作引领

长江后浪推前浪,新时代发展将势不可当的"后浪"——青少年——的教育及其世界观、人生观、价值观培塑推到了社会大众的面前。所有对未来幸福生活的憧憬,都应该以自强不息的奋斗为底色。青少年要从小树立远大理想,培养高尚情操,发展兴趣爱好,学会独立思考,发奋刻苦读书,掌握过硬的本领,从而改变自己的命运,为实现中华民族伟大复兴的中国梦贡献智慧和力量。

习近平总书记指出:"青年的价值取向决定了未来整个社会的价值取向,而青年又处在价值观形成和确立的时期,抓好这一时期的价值观养成十分重要。"① 然而在今天,一些人更看重的是学习成绩、名校、名师、金钱、地位等。古往今来的许多事实告诉我们,一个人的学习成绩再优异、家境再优越,如果三观不正,便有可能误入歧途。一个人的尊荣,不在于他的地位、财富与颜值,而在于他对世界的贡献、对人类的责任以及对社会的担当。所有对未来的期许,都应该以榜样作引领。在榜样力量的引领下,青少年的心智将更加成熟,行为将更加理性,成长的脚步也将更加稳健。

2020年,在新冠肺炎疫情暴发的危难时刻,全国医护和科技人员逆行而上,奔赴一线抗疫。他们舍生忘死地拯救病患,有的科学家不惜冒着生命危险,以身试药,他们用"奉献指数"换回了人民的"安全指数"。这是一场没有硝烟的战役,却是生与死的较量。这是一场没有先例的疫情防控,他们用辛劳与专业换得山河无恙、人民安康。奉献不问西东,担当不负使命,在最紧要的关头,在最危险的地方,榜样的力量更加震撼人心。广大青少年应该从他们身上看到、学到中华民族抗击灾难时不屈不挠、守望相助的精神。

---

① 习近平:青年要自觉践行社会主义核心价值观——在北京大学师生座谈会上的讲话. 新华网. http://www.xinhuanet.com//politics/2014-05/05/c_1110528066_2.htm

祖国是人民最坚实的依靠,英雄是民族最闪亮的记号。这套由多位专家学者编撰的"给孩子读的'中国榜样'故事"丛书,介绍了钱学森、竺可桢、钱伟长、华罗庚、钱三强、苏步青、李四光、童第周、陈景润、邓稼先等科学先驱的事迹。这些科学家学习成绩优异,大多有海外留学经历,其卓越成就获得了国际学术界的广泛认可。以他们当时的实力,足以在国外过上衣食无忧的生活,然而,他们每一个人都深知,科学无国界,科学家有祖国。钱学森说:"我的事业在中国,我的成就在中国,我的归宿在中国。"李四光说:"我是炎黄子孙,理所当然地要把所学到的知识,全部奉献给我亲爱的祖国。"邓稼先说:"假如生命终结后可以再生,那么,我仍选择中国,选择核事业。"他们不惜牺牲个人利益,远跨重洋回到生活与科研均"一穷二白"的祖国,以毕生的热血为建设新中国做出了巨大的贡献。

八十多年前,鲁迅先生在《中国人失掉自信力了吗》一文中发声:"我们从古以来,就有埋头苦干的人,有拼命硬干的人,有为民请命的人,有舍身求法的人……"历史的风雨、生活的磨难,阻挡不了这些人前行的脚步。正是这些人扛起了中华民族伟大复兴的重任,他们无愧为"中国的脊梁"。有人不禁要问,今天的青少年长大后,还能不能前仆后继地埋头苦干、拼命硬干、为民请命、舍身求法呢?今天的青少年可能要问,这些科学家这样"自讨苦吃"是为了什么？我想，这个问题用诗人艾青的一句诗来作答最适合不过："为什么我的眼里常含泪水？因为我对这土地爱得深沉……"

要回答今天的青少年还能不能前仆后继的问题，我想起了梁启超先生一百多年前的期许——"少年智则国智，少年强则国强"。毋庸置疑，今天，中国的青少年正在走向中华民族伟大复兴的未来，他们的脊梁是否挺拔，他们的智慧是否卓越，他们的信念是否坚定，都关乎国家、民族的未来。

榜样是一种动力，榜样是一面旗帜，榜样是一座灯塔，可以为当代青少年引领方向，指导他们奋勇前行。这套"给孩子读的'中国榜样'故事"丛书的出版初衷，就是希望青少年以老一辈科学家为榜样，学习他们胸怀祖国、服务人民的爱国精神，勇攀高峰、敢为人先的创新精神，追求真理、严谨治学的求实精神，淡泊名利、潜心研究的奉献精神，集智攻关、团结协作的协同精神，甘为人梯、奖掖后学的育人精神，将这些可贵的品质内化吸收为个人的精神财富与进取动力，做有理想、有本领、有担当的新时代青年。

祝亲爱的青少年读者朋友们皆能志存高远，前途无量，放飞人生梦想。

中国传记文学学会会长　王丽博士

编者序

实干以兴邦，榜样代代传

实干以兴邦，榜样代代传——正是在这种力量的感召下，无数先贤志士前仆后继，"为天地立心，为生民立命，为往圣继绝学，为万世开太平"，以中华之崛起为己任而一往无前，使中国五千年的文明得到延续，中华民族屹立于世界强国之林。习近平总书记曾经指出："一切为中华民族掌握自己命运、开创国家发展新路的人们，都是民族英雄，都是国家荣光。中国人民将永远铭记他们建立的不朽功勋。"这些英雄榜样是中华民族的脊梁，正是他们艰苦卓绝的奋斗，让中华民族从百余年前的羸弱中站了起来。

改革开放40多年来,在各种思想文化相互碰撞和价值取向多元化的情况下,青少年的思想观念、道德标准、价值取向、行为方式等都呈现出新的特点,既有积极的一面,也有消极的一面。对于青少年来说,他们正处于长身体、长知识和世界观形成的重要时期,兴趣广泛、模仿性强、可塑性大,各方面都还不成熟。复杂的社会生活环境中存在着许多不利于他们健康成长的因素,导致他们在思想上产生了种种困惑。如何对他们进行正确的教育引导,成为当今社会普遍关心的一个问题。

党的十八大以来,以习近平同志为核心的党中央高度重视青少年的思想政治教育。习近平总书记在许多场合对加强青少年思想政治教育发表了一系列重要讲话,内容涵盖立德树人、社会主义核心价值观的培育和践行、以文化人、以文育人、教育合力构建、加强党的领导等诸多方面。这些重要论述充分体现了以习近平同志为核心的党中央对青少年成长成才的亲切关怀和殷切期待,立意高远,思想深邃,形成了内涵丰富的思想政治教育理论体系,为提升青少年思想政治教育科学化水平指明了方向,提供了依据。

在对青少年的教育中,榜样的力量是无穷的。榜样是一桅风帆,帮助我们乘风破浪,驶向成功的彼岸;榜样是一盏明灯,驱走我们心中的黑暗,照亮未来之路;榜样是一面镜子,促使我们审视自身的不足,凝聚奋发向上的力量；榜样是一个指南针，引领我们找到正确的方向，从此不再迷茫。"历史烛照时代，榜样传承精神"，伟大的时代呼唤伟大的精神，崇高的事业需要榜样的引领。

为了帮助青少年向榜样看齐，向使命聚焦，汲取榜样"内在的力量"，感受其家国情怀以及进取奉献的优秀品质和崇高精神，我们编写了"给孩子读的'中国榜样'故事"丛书，选取了10位富有时代特色的榜样人物，他们是：中国航天事业的开创者钱学森、把一生献给了核事业的邓稼先、与原子共传奇的钱三强、中国近代力学的奠基人钱伟长、中国地质力学的创始人李四光、中国"问天第一人"竺可桢、为数学而生的大师华罗庚、站在数学之巅的奇人陈景润、中国克隆先驱童第周、东方第一几何学家苏步青。

这些榜样人物为我国的社会主义建设和国防安全，在各自的领域不畏艰难、开拓创新，做出了卓越的贡献，其伟大事迹彪炳人间。他们不忘初心、淡泊名利、甘为人梯、谦逊朴实、不计个人得失的崇高品质，体现了他们对祖国和人民的无限忠诚，以及对理想信念的执着追求，对青少年具有很强的感召力和教育作用。我们相信，本丛书不仅能够成为青少年喜爱的课外读物，也会是学校、家庭和有关部门对青少年进行人生观、价值观和思想品德教育的好帮手。

在编写的过程中，我们采访了10位科学家生前的同事与部分后人，查阅了大量与他们相关的书籍、访谈录、手札和本人的著作等，从中撷取了一些鲜为人知的故事，将一个个平凡而伟大的生活画面，以精彩曲折、质朴平实的文字呈现出来，使他们的高尚品德与人格魅力跃然纸上，让青少年读者产生心灵的震撼，在感同身受中对老一辈科学家可歌可敬、感人肺腑、催人泪下的动人事迹产生深切的敬意。相信他们会乐于以这些伟大的科学家为榜样，努力学习，刻苦钻研，立志掌握更多的科学文化知识，为国家的强盛、人民的幸福奉献自己的青春和热血。

目 录
Contents

第一章　立志报效国家　　1

　1. 聪明好学的小儿郎　　2
　2. 气象兴趣的萌芽　　9
　3. 新式学堂的启蒙　　12
　4. "智体并重"的榜样　　15
　5. 化国之屈辱为动力　　19

第二章　学成归国　　23

　1. 留美榜上有名　　24
　2. 从农学到气象学　　27
　3. 哈佛气象学博士　　32
　4. 告别哈佛回国　　35
　5. 潜心教书育人　　37

第三章　为中国气象事业奠基　　43

1. 建立北极阁气象研究所　　44
2. 研究中国气候变迁　　52
3. 筹建全国气象测候所　　55
4. 培养气象科研队伍　　58
5. 气象科研"大丰收"　　61

第四章　振兴浙江大学　　65

1. 临危受命接手浙大　　66
2. 融贯中西的办学思想　　68
3. 完善学校职能　　71
4. 给浙大学子的"两个问题"　　76

第五章　浙大的艰难西迁路　　83

1. 首迁开创导师制　　84
2. 再迁修建浙大堤　　89

  3. 流离中丧妻失子 93
  4. 三迁立"求是"校训 98
  5. 四迁办"东方剑桥" 103

第六章 黎明前的黑暗 109
  1. 一场政治风波 110
  2. 保护爱国学生 114
  3. 浙大回迁与重建 118
  4. 光明与黑暗的搏斗 122
  5. 留守迎接新时代 129

第七章 投身新中国科学事业 137
  1. 参与中科院早期建设 138
  2. 科学考察保生态 144
  3. 物候"曲谱"奏新章 150
  4. 厚积薄发的《物候学》 154

5. 与毛泽东的"天地"谈　　　　　　160
　　6. 古稀之年的新党员　　　　　　　168
　　7. 一生锻炼不辍　　　　　　　　　172

第八章　熠熠生辉的科学精神　　　　　177
　　1. 坚持不懈实地观测　　　　　　　178
　　2. 善用古代典籍方志　　　　　　　182
　　3. 外国经验为我所用　　　　　　　189
　　4. 以科普向愚昧宣战　　　　　　　194
　　5. 最后的论文　　　　　　　　　　201
　　6. 嵌入生命的气象事业　　　　　　211

附录1　学习和继承竺可桢先生的宝贵思想和学术遗产　219
附录2　竺可桢大事年表　　　　　　　225
后记　　　　　　　　　　　　　　　　230

第一章　立志报效国家

竺可桢从小酷爱读书,求知欲极强,在进入新式学堂后,科学启蒙知识开阔了他的眼界,使他渴望接触外面更广阔的天地,吸收更多的先进知识。此时,帝国主义列强在中国横行霸道,各种各样的救国兴国理论应运而生,竺可桢抱定了报效国家的坚定信念,开始脚踏实地走上他的科学救国之路。

1. 聪明好学的小儿郎

如果说世界上有钟灵毓秀、人才辈出的地方，那会是哪里呢？浙江绍兴一定是榜上有名。

绍兴，古称越，又称会稽、山阴，地处宁绍平原的西边。连绵起伏的龙门山、会稽山、四明山、天台山，是它的脊骨；纵横交错的浦阳江、曹娥江、甬江，是它的血脉。绍兴融"中国山水"和"诗画江南"于一体，人称"东南山水越为首，天下风光数会稽"。

据考证，在距今约9000年前的新石器时代，这里就出现了人类文明——小黄山文化。春秋时期，大禹后裔於越族在绍兴一带建立了越国。千百年来，绍兴的劳动人民用自己勤劳的双手和聪明才智给这片土地带来了富庶和繁荣。从古至今，绍兴这座有着2500多年深厚历史的文化古城，孕育了数不尽的传奇人物和英雄故事：

大禹曾在这里宣布治水成功,在茅山会集诸侯,论功行赏。

越王勾践在这里卧薪尝胆,立志报仇雪耻。

王羲之在这里写下千古名作《兰亭集序》。

王阳明在此开坛讲学。

……

近代,这里又出现了秋瑾、蔡元培、周恩来、鲁迅、马寅初等名垂青史的伟人,其中也包括本书的主人公——著名气象学家竺可桢。

1890年3月7日这一天,竺可桢诞生在美丽的水乡——绍兴县东关镇(现绍兴市上虞区)。这时正是清朝光绪年间。1840年,帝国主义列强用大炮轰开了中国紧闭的国门,使闭塞自守的中国社会逐渐沦为半殖民地半封建社会。

18世纪中期,英国完成了工业革命,对社会生产方式、经济结构、社会思想及世界格局都产生强烈影响。伴随着资本主义商品经济的发展,英国迫切需要开辟新的市场和原料产地。于是,英国国王乔治三世决定派出一支80人的庞大使团给乾隆皇帝祝寿,以敲开与中国进行自由贸易的大门。

1792年,这支由3艘船组成的使团船队从英国朴次茅斯港出发了。英国使团以马戛尔尼勋爵为代表,成员包括外交官、贵族、学者、音乐家、画家、科学家等各界精英。

他们带着可以体现西方最新工业成果的马车、天文仪器、枪炮以及蒸汽机、织布机等礼物，希望以此"震惊"中国，使清廷取消对外贸易的种种禁令和限制，从而进入中国市场。

此时的中国正值乾隆年间，固有的"天朝上国"观念使皇帝视中国为"天下唯一的文明国家"，外国不是"藩属国"就是"蛮夷之邦"。因此，英国使团来到中国后，就因一个重要的礼节——磕头，与清朝接待官员交涉多次，因为他们不愿意像奴隶一样下跪。

"番邦"前来朝贡竟然不行清朝之礼，这让乾隆皇帝勃然大怒，当即下令："朕无求于任何人，尔等速速收起礼品，起程回国。"

为了出使成功，马戛尔尼最终向乾隆皇帝行单膝下跪礼，并转达了英王对清朝皇帝的问候。为了让中国人大开眼界，英国使团把英国最新的发明介绍给中国，如蒸汽机、棉纺机、梳理机、织布机等；英王还特意赠送了当时英国最大并装备有110门大口径火炮的"君主"号战舰模型。他们以为这些东西会让中国人惊叹，但是乾隆皇帝及臣属却丝毫不感兴趣，认为这些不过是无用的奇技淫巧，几乎拒绝了马戛尔尼的全部要求。

英国使团在清朝看到的一切，使他们对这个遥远的神秘国度的美好幻想彻底破灭了：老百姓普遍贫困、麻木、愚昧，上层官员守旧、贪婪、腐化堕落。因此，马戛尔尼得出结论:"中华帝国只是一艘破败不堪的旧船,只是幸运地有了几位谨慎的船长才使它在近150年间没有沉没。"

19世纪40年代,西方列强为了扩大商品市场,争夺原料产地,加紧了征服殖民地的活动,中国的周边国家陆续成为它们的殖民地或势力范围。中国作为一个幅员辽阔、物产丰饶的古老封建国家,自然成为它们侵略扩张的最佳对象。而清廷一如数十年前,自以为中国物产丰富,无所不有,拒绝开放。同时,因为和中国的所有贸易需以银两折算,英国只得从欧洲大陆购入白银作贸易用途,白银一买一卖,英国人利润受损。在税率方面,中国对英国的进口货物还要抽20%的税,这些都让英国大为不满。

为了改变这种不利的贸易局面,英国资产阶级采取外交途径强力交涉,但未能达到目的,于是使用卑劣手段,向中国大量走私毒品——鸦片。鸦片的输入不仅严重败坏了社会风气,摧残了中国人的身心健康,给中国人的精神、肉体带来损害,还破坏了社会生产力,导致东南沿海地区工商业的萧条和衰落。同时,由于鸦片的大量输入,中国每年白银外流达600万两,国内发生严重"银荒",造成银贵钱贱、财政枯竭、国库空虚的局面。

在这种情况下,清廷派钦差大臣、湖广总督林则徐前往广州禁烟。1839年3月,林则徐抵达广州后,勒令外国烟贩交出所有鸦片、承诺不再贩卖，并将大部分英国人的库存鸦片销毁。

1840年，为了报复清廷并占领巨大的中国市场，英国对中国发动了侵略战争——鸦片战争。在英国炮舰的威逼下，清廷签订了中国近代史上第一个丧权辱国的不平等条约——中英《南京条约》。此后，东西方列强接踵而至：1844年7月3日，美国逼迫清廷签订了《望厦条约》；1844年10月24日，法国仿效英美，逼迫清廷签订了《黄埔条约》……

鸦片战争后，魏源首先提出了"师夷长技以制夷"的主张，认为要想御侮图强，必须了解西方，学习西方先进的科学技术。科学救国的社会风气由此产生。竺可桢正是在这一时代背景下开始了他立志科学救国的人生。

竺可桢的父亲竺嘉祥原居绍兴东关镇西5公里处的保驾山，世代以务农为生；青年时期迫于生计，他离开家乡到东关镇摆米摊谋生，20岁时与性情温和、勤劳节俭的女子顾金娘结婚。1876年长子竺可材出生，两年后次子竺可谦出生，之后又连生了三个女儿。

经过几年的经营，米摊生意兴隆，家境日渐富足，竺嘉祥在镇上开了了"永茂米行"。因家里人丁兴旺，住房拥挤，竺嘉祥在镇上买地建起新房。新房落成不久，小儿子竺可桢就呱呱坠地了。

竺嘉祥希望儿子们能好好读书，有个好前程，他把大儿子竺可材、二儿子竺可谦都送进私塾读书。后来，竺可材考中了秀才，在东关镇的学堂教书，竺可谦则因体弱辍学在家。

父母对竺可桢非常疼爱，希望他也能通过读书光耀门楣。起初父亲给竺可桢起名"兆熊"，叫他阿熊，后来想还应该有个学名，便请镇上的私塾先生为他起了个响亮的名字——"可桢"，意思是做一个坚实的国家栋梁。

竺嘉祥望子成龙，对竺可桢的教育格外重视，在他2岁时就开始教他认字。而竺可桢也不负父母的期望，不仅天生聪慧，而且特别喜欢学习。有一次，父亲带着竺可桢去拜访朋友，在路上指着一些店铺的招牌教他认字，等回到家后考他，他竟然一字不错全说出来了。看到儿子如此聪颖，父亲心里非常高兴。于是，每当店铺没有顾客时，父亲就带着他到街上玩，一边走一边教他认街边店铺招牌上的字。很快竺可桢就记下了整条街边店铺的名字。

此后，竺可桢每天晚上都恳求父亲教他认字，虽然父亲有时因为白天干活而感到疲惫，但为了满足孩子学习的愿望，仍耐心地教竺可桢认字，陪他学习。

竺可桢3岁时，看到哥哥们读书，也学着他们的样子，坐在凳子上，指着书本上的字问这个念什么，那个念什么。父亲见儿子这么爱学习，就让他跟着哥哥竺可材上私塾读书识字。

竺可桢读书很用功，母亲怕他累坏了，常常用陪学的办法督促他早睡。竺可桢有时随母亲睡下，可他一听到鸡叫，知道天快亮了，又轻轻地爬起来背诵经典。

竺可桢5岁时进了学堂。不到两年时间，他便能熟背《弟子规》《三字经》《百家姓》《千字文》《神童诗》等童蒙读物，以及儒家经典"四书"。7岁时他开始学作文。他写作文常常是先写一遍，自己觉得不好再重新写一遍，直到自己满意了才罢休。

父母想把儿子培养成才，但又不放心儿子到远处读书，于是就把家里南面堆放杂物的小屋腾出来做竺可桢的书屋，然后用米行三分之一的收入聘请当地有名的、知识渊博的私塾先生章镜尘来家里给他上课，周围邻居的子弟也可以来这里一起读书学习。

章先生很喜欢聪明又勤奋好学的竺可桢，对他的要求也格外严格。在这段时间里，除了让竺可桢熟读"四书五经"外，章先生还经常找一些优秀的古代散文、诗词，讲解给他听，并以当地理学家王阳明立身为学的故事来激励他。竺可桢十分敬重章先生，每年春节给老师拜年时，看到章先生家里的藏书，总要借一些回来读，章先生也十分乐意向学生推介可读之书。

竺可桢爱读书，更爱思考。读了《爱莲说》后，他想："我要爱莲花，更要爱莲藕。"当他把自己读《爱莲说》的感想告诉章先生时，章先生很为他小小年纪就能这

样思考问题,并得出这样的结论而感动。他教导竺可桢说:
"藕虽埋没于淤泥之中,但它将自己的全部营养贡献出来,使莲花亭亭玉立而不被淤泥污染,这是非常可贵的,而且藕的内质也是洁白的,你要学习藕这种纯洁坚贞的品格。"

竺可桢把章先生这番话牢牢记在心里,后来还给自己取字"藕舫"。他爱读书、爱思考的习惯,对他以后的学习和研究很有帮助,也是他独立思考、不为流俗所动之品格的保障。

2. 气象兴趣的萌芽

多年来,在中学语文课本里一直有一篇课文叫《大自然的语言》,开篇这样写道:"立春过后,大地渐渐从沉睡中苏醒过来。冰雪融化,草木萌发,各种花次第开放。再过两个月,燕子翩然归来。不久,布谷鸟也来了。于是转入炎热的夏季,这是植物孕育果实的时期。"

这篇文章是根据竺可桢为推广普及物候学所写的科学小品文《一门丰产的科学——物候学》改写而成。它最早发表于1963年,此时的竺可桢已经是闻名遐迩的气象学家。

竺可桢之所以能成为气象学家,是因为他从小就特别热爱大自然,经常仔细观察大自然中的各种现象,并对这些自然现象充满好奇。

按照绍兴当地的风俗,每年清明节、农历七月十五和腊月二十三,家家都要祭祖。幼年时,竺可桢也会随父母回老家保驾山去祭祖。

每次和十多个叔伯兄弟一起玩耍,总有无尽的快乐。他们仿佛是出笼的鸟儿,大自然里的一切永远是那么新鲜有趣。不过,其他人都只是在玩,竺可桢在玩的同时还留心观察。比如每次回来,他发现周围的景物都不大一样,于是就问一起来玩耍的哥哥们:"为什么同一个地方,每次看到的景物都不相同呢?"哥哥们回答不上来。他又问道:"那些叽叽喳喳的鸟儿上次来还叫得正欢,为什么这次来却见不到了?"

"哥哥,哥哥,树上的花为什么有的这个时候开,有的那个时候开?"

"天为什么会刮风下雨?"

"燕子为什么能飞得这么快?"

……

哥哥们被他问得十分无奈,只好敷衍他说:"一直就是这样,没什么稀奇的。"

但竺可桢仍然满腹疑问,又仰着小脑袋去问大哥竺可材。因为在他心目中,大哥肚子里的知识最多。大哥笑着告诉他:"这是节气的缘故。一年有二十四节气,我们播种收割要遵循节气,燕子来去、花开花落也是要依照节气的。"

从此，幼小的竺可桢开始对节气产生了兴趣。他非常喜欢观察大自然的变化，冬去春来、燕子衔泥、布谷催耕，这些都使他感受到无穷的乐趣。不仅如此，他还懂得了自然万物都有自己的规律。他把桃花开放的时间，自家房檐下燕子到来、离去的时间，都一一记录下来，留到第二年、第三年进行对比，看看时间有什么差别。

小伙伴和家人都不理解他的做法，当时的竺可桢恐怕也没有想到，这种由小时候的好奇心引发的兴趣竟能保持一生，而且影响了国家的气象事业，甚至影响了全世界的气象研究。

家乡的雨水特别多，屋檐上老是滴水，落在石板上发出"滴答滴答"的响声。有一天又下起了雨，竺可桢站在门口屋檐下聚精会神地数着一滴又一滴的水滴：1、2、3、4、5……数着数着，他像发现了一个奇迹，眼睛盯着石板出神：这些石板上怎么有一个个小坑呀，而且水滴正好滴在小坑里。再看看另一侧的石板，也是同样的情况。他立即跑去问父亲。

父亲非常高兴，耐心地向他解释："这石头上的小坑是一滴一滴的雨水不停地滴下来造成的，这就叫'水滴石穿'呀！别看一滴一滴的雨水没有多大力量，但是，天长日久，石板就被砸出小坑了。读书也是这个道理，只有持之以恒，才会有所成就。"

竺可桢点点头，牢牢地记住了父亲的话，"只有持之以恒，才会有所成就"，也明白了原来每一个普通的现象背后都有深刻的道理。从此，"水滴石穿"成了竺可桢的座右铭，伴随了他一生。

3. 新式学堂的启蒙

童年时，在父亲的永茂米行里，竺可桢接触到了社会上形形色色的人，其中有满面春风的富人，有欺行霸市的地痞，给他留下最深刻印象的是那些贫苦农民，他们一年到头辛苦劳作，最后却食不果腹。如果这一年风调雨顺，他们的脸上还有点笑容；若是年景不好，他们就十分愁苦。竺可桢经常听到父亲和他们的对话：

"今年收成不好，日子还过得去吗？"

"唉！不好过呢，人种天收啊！"

这让竺可桢从小就感受到人类在大自然面前的无能为力，并在心里暗暗立志要找到天气变化的规律，改变"人种天收"的情况。

有一天，竺可桢和几个同学到郊外的河边玩，看见一个老人一边哭一边往河里走。他们连忙上前拦住老人，问道："爷爷，您怎么了？"

老人说："我借镇上一个大户人家一斗米，如今到期了无力偿还,家中已经没有一粒米,大户逼着还债,我求告无门,只好一死了之。"

竺可桢连忙对老人说:"您别着急,我们给您想办法。"他匆匆跑回家,把这件事告诉母亲。善良的顾氏马上量出一斗米,又另外装上些,叫人给老人送去。

母亲此举救了老人一家,也给童年的竺可桢留下了很深的印象,在他心里埋下了善良的种子。

1898年"戊戌变法"失败后,清廷开始改变旧学制。1899年,绍兴东关镇开办了第一所新式学堂——东湖通艺学堂,它是由陶渊明的第45代孙陶浚宣筹办的,学堂共设置史、子、算、译四斋,由江浙一带的饱学之士教授国文、算学和英文等科目,章镜尘也被聘到学堂教书。竺可桢后来进入这所学堂学习。在这里,新的科学启蒙知识打开了他的眼界,新的思想开启了他崭新的人生。

当时,学校按照"中学为体,西学为用"的原则实施教学,所谓"西学",只是一些自然常识课程,所占比重极小,却给少年竺可桢推开了一扇求知的窗口。透过这个窗口,他渐渐发现了许多新鲜奇特的景色,渴望接触外面广阔的天地,吸收更多新鲜的知识。

1900年,美、俄、德、法、英、奥、意、日八国联军打进了北京,烧杀抢掠,无恶不作。腐败无能的清廷不得不签订了丧权辱国的《辛丑条约》,赔款数额高达4.5亿两白银,本息共计近10亿两。巨额赔款使国家再次陷入困境，人民生活更加困苦不堪。消息传到东关镇，人们受到了强烈的震动，章镜尘为国家的前途忧心忡忡，10岁的竺可桢也悲愤难抑。

这一天在课堂上，章镜尘问学生："在诸位看来，何为'苦'，何为'甜'？"

一个学生站起来说："穷人生活最苦，富人生活最甜。"

另一个学生说："黄连最苦，蜂蜜最甜。"

还有的学生说："不吃苦中苦，难得甜上甜。"

很多学生都回答了问题，但章镜尘似乎并不太满意，他见竺可桢坐在那里，便点名让他回答。

竺可桢站起来，严肃地答道："丧权辱国最苦，国富民强最甜。"他一语道出了万千置身苦海的中国人的心声，令章镜尘拍案叫绝，也令在场的同学折服。

竺可桢13岁那年，镇里有几个年轻人要乘船前往省城参加科举考试。这天，竺可桢正在学堂里和一位同学聊天，那位同学说："竺可桢，你知道吗，外出赶考的学生马上就要出发了。"

竺可桢听了，三步并作两步跑回家里，进了自己的房间，把常用的东西收拾成一个小包袱。家人奇怪地问他："你这是做什么？"

"我要去赶考！"竺可桢头也不抬地说。

大家听了不禁哈哈大笑起来。

"你们笑什么?"竺可桢严肃地问道。

"哪有你这么小年纪就去赶考的呀?"

"考的是学问大小,又不是年龄大小,我怎么不能去呢?"

这时,家里人才看出竺可桢不是耍小孩子脾气闹着玩,急忙劝阻他。就在这时,门外有人高喊:"赶考的要开船啦!"竺可桢一听,挣脱家人,如离弦的箭一般,向码头跑去。当他上气不接下气地赶到岸边时,船早已离开了码头。

竺可桢哭了,他对渐渐远去的船大喊道:"我要到大地方去上学!我要到大地方去读书!"

等到家人追到码头,一见涕泪横流、哭得伤心的竺可桢,赶忙好言宽慰。问及执意赶考的原因,才知道他是想去更好的学府学习,他要读书雪耻,为国争光。恍然大悟之际,家人无不大夸他志向高远。

从此,竺可桢立下了大志,一定要读书救国。

4. "智体并重"的榜样

1905年,竺可桢以各门功课都优等的成绩从东湖通艺学堂毕业。章镜尘认为他志向远大,以后肯定是栋梁之材,因而极力建议他到大城市去求学,并不止一次到竺可桢家中做他父亲的思想工作。

竺嘉祥对小儿子从小就寄予厚望,又何尝不想让他去大城市读书呢?但是,大城市里生活水平高,花费大,而米行的生意越来越萧条,家里经济一年不如一年,他拿什么供儿子上学呢?这几年因儿女婚嫁,家中积蓄已所剩无几,加上添丁进口,家用方面经常捉襟见肘。顾氏则担心小儿子身体瘦弱,远离家乡,难以得到家里的照顾。

这时,章镜尘表示愿意解囊相助,竺嘉祥又找几个朋友筹借了一笔钱,竺可桢终于踏上了外出求学的道路。

一个春日的早晨,竺可桢肩负父亲和老师的期望,带着母亲的牵挂,只身一人上了船,离开温暖的家,独自去外地生活学习。此时,他心中有一种"海阔凭鱼跃,天高任鸟飞"的畅快,未来和希望都在远方冲他招手。

竺可桢来到上海后,顺利考进了澄衷学堂。这所中学的课程比他小学时多,除国文、英文、数学外,还有物理、化学、博物、图画等课程。

1898年的"百日维新"虽然失败了,但是千千万万不愿做"亡国奴"的中国人救亡图存、变革兴邦的斗争却没有停止。以孙中山为代表的具有民主主义思想的先进国人历经磨难,向西方寻求救国救民的良策,开始在国内宣扬民主共和的思想。

竺可桢经常阅读宣传新思想的书报杂志,逐渐接受了民主主义思想。有一个问题长期萦绕在他脑海中:中国有几千年的文明历史，有优秀的思想文化传统，这些是外国没有的，但为什么近几十年来中国屡屡被外国列强欺辱呢？在一次与同学的讨论中，竺可桢给出了自己的答案，他说："今日之局势，乃是国家制度、科技落后所致。我辈尚幼，无力扭转国制，但科技却可从学习中获得并更进一步。"

从此，竺可桢暗暗下定决心，要好好珍惜来之不易的学习机会，发愤读书。他知道，只有拥有真才实学，才能不辜负父兄师长的殷切期望，才能为国家的富强贡献力量。

在澄衷学堂读书期间，竺可桢学习刻苦勤奋是出了名的。当时，他的同学大多是上海富家子弟，都有睡懒觉的习惯。当其他人早上还在睡觉时，竺可桢已经拿着书本到操场上早读了。他的英语基础不好，就利用早晨这段时间背英语单词。有一天，宿舍里一个爱睡懒觉的同学早起出门，发现竺可桢的床头堆着一摞书，还有几个小本子，他好奇地翻开一看，只见上面写着许多名人名言："放弃时间的人，时间也放弃他。""没有一种不幸可与失去时间相比。""科学需要一个人贡献出毕生的精力，假定你们每个人有两次生命，这对你们来说也还是不够的。"……这位同学看后深受感动，从此一改过去睡懒觉的习惯，每日早起与竺可桢一同学习。就这样，在他潜移默化的影响下，全宿舍的同学都改掉了睡懒觉的习惯，专注学习，成绩也都提高了。

竺可桢的身体本来就弱，再加上学习废寝忘食，营养又跟不上，他的身体越发虚瘦，个子比同龄人要矮得多。同学们都在私下里议论，担心他的身体无法承受这么高强度的学习。

一天，竺可桢散步时，一个高个子的同学把手比在自己的胸前，嘲笑竺可桢身材矮小；另一个来自安徽的同学则说："看他的样子，难活到20岁……"其他同学以为竺可桢听到这些话后心里会难过，但竺可桢却说："我应该谢谢他呢。"

这时竺可桢刚刚16岁，心态积极乐观，而且善于反省，经常把别人的批评看作对自己的提醒，激励自己更加努力。

晚上，竺可桢辗转反侧，心潮翻涌：祖国灾难深重，人民贫困不堪，我们被外国人蔑称"东亚病夫"，现在自己又被看作短命之人。既然立志要为拯救祖国出力，那就必须首先战胜自己的病弱身体！

想到这里，竺可桢猛地从床上爬起来，连夜制订了一个锻炼身体的计划，还在末尾写下"言必信，行必果"的格言警示自己。从那以后，他每天鸡一叫就起床，到校园里跑步、做操……

一天清晨，竺可桢刚醒，就听到"轰隆隆"的雷声，他往窗外一看，密密麻麻的雨点下得正紧。今天还要不要按时起床锻炼呢？他犹豫了一下，马上又打消了这个念头：不行，有一回间断了，就可能有第二回、第三回，即使无法正常跑步，也可以在檐下做其他运动……于是，他迅速起床，进行锻炼。

坚持一个学期后，竺可桢的体质明显增强，再也没有请过一次病假。同学们对他刮目相看，连过去讥讽他的同学，也都不约而同地称赞他是"智体并重"的榜样。

这段时间，竺可桢不仅锻炼了意志，学会更有效地管理时间和规划学习，而且形成了温和、冷静、执着、刚毅的性格。由于品行良好，成绩优秀，待人和善，办事认真负责，加上意志顽强，能吃苦耐劳，他在班里威信很高，被同学们推选为班长。

就这样，竺可桢凭着自己的勤奋与好学，凭着自己的意志与精神，在知识的海洋中越游越远……

5. 化国之屈辱为动力

1908 年，在澄衷学堂经过 3 年的学习后，竺可桢转入了复旦公学。就在这年冬天的一个下午，他突然收到老乡给他捎来的一封家信，信中说母亲病重，叫他赶快回家。然而，当他急匆匆赶回家时，却永远见不到母亲了。

竺可桢第一次尝到失去亲人的痛苦滋味，想起母亲深厚的养育之恩，想起母亲终年忙碌的身影，想起母亲仁爱重义和勤劳朴实的品德……他的心里十分悲痛。

处理完母亲的丧事后，竺可桢怀着丧母的悲痛，返回复旦公学。当时，天空灰蒙蒙的，倒映在江面上也灰蒙蒙的，面对令人担忧的国事、家事，18岁的他心头堆压着沉甸甸的重负。

准备乘船时，竺可桢因为心事重重，没有注意脚下，一不留神掉进了江水中，冰冷的江水一下子淹没了他的头。幸亏他手上拿着一把伞，掉下去的同时伞迎水张开，他紧紧地抓住伞柄，被旁边一位好心的工人看到，把他拉了上来。

那位工人是锡箔厂的师傅，心地善良，看到竺可桢年轻单薄的模样，问他家住何处、晚上有没有地方住。竺可桢摇了摇头，工人师傅便把他带到工厂里，帮他把衣服烘干，并留他住了一宿。第二天一早，善良的工人师傅陪竺可桢来到码头，看着他坐上了前往上海的轮船，才放心地离开。好心人的搭救，使竺可桢心中充满了感激。

1909年，竺可桢见复旦公学教学管理不严，教学质量差，想到自己能从家乡出来学习，很不容易，不能白白浪费时间，于是报考唐山路矿学堂（今西南交通大学），并以优异的成绩被录取，他选择了土木工程专业。

当时，国家衰弱，各种各样救国兴国的理论应运而生，比如军事救国、科学救国、文艺兴国、政治强国等。科学救国理论认为，帝国主义列强之所以横行霸道，是因为它们拥有先进的科学技术；中国只要掌握了先进的科学技术，就能摆脱帝国主义的压迫。此时的竺可桢已下定决心选择科学救国之路。

唐山路矿学堂是一所新式学校,学制是参照欧美教育体制确定的,培养目标与欧美工科大学类似,其办学水平已经相当于国外同类大学。而且这所学堂为了鼓励学生报考,不仅免收学杂费,还给学生一定的补助,这对家境困难又热爱科学的竺可桢来说再合适不过了。

在唐山路矿学堂,竺可桢学到了大量现代科学知识,其间发生的一件事让他刻骨铭心,激发了他的爱国之情和报国之志。

当时,唐山路矿学堂的数学、物理、化学和所有土木工程等课程的教师都是外国人,采用全英文授课,而且规定用阿拉伯数字代替学生姓名。对于这项规定,竺可桢和同学们非常气愤,觉得这是对中国人的侮辱,因为只有对囚犯才这么叫。

一天,讲课的英国教师提出一个问题,然后头也不抬地喊道:"227号!"没有人应声,也没有人站起来,教室里静悄悄的。英国教师见无人站起来回答他的提问,又提高嗓门喊了一声:"227号!"还是没有人站起来。教室里出现了小小的骚动,同学们都向227号——竺可桢投去担心的目光。

这时,英国教师气哼哼地走到竺可桢面前,瞪着眼睛,第三次愤怒地大声吼道:"227号!"竺可桢坦然站起,理直气壮地说:"我叫竺可桢。"接着,他以流利的英语正确回答了问题。最后,英国老师只好悻悻走开了。

这件事在学校传开后,同学们都赞扬竺可桢的魄力,并将这一举动与维护个人和民族尊严联系起来,外国教师也开始改口叫中国学生的名字,有时实在叫不出来,也表现得很有礼貌。

"苦心人,天不负,卧薪尝胆,三千越甲可吞吴",此后,竺可桢经常提醒自己:"为什么我们的祖国会遭受帝国主义列强的宰割?为什么我们的百姓要受人凌辱?都是因为我们的国家衰弱,因为我们的科学技术落后。要使祖国强大起来,要使中国人直起腰杆,我们青年人就要奋发图强,要找到拯救祖国的方法,把屈辱化为学习的巨大动力,刻苦顽强地学习科学文化知识,这是我们的首要任务!"

在报效国家的坚定信念下,竺可桢在唐山路矿学堂的每次考试都是第一名,成为学堂里最优秀的学生。那些傲慢的外国教师不禁对他刮目相看。

第二章　学成归国

1918年,竺可桢的论文《远东台风的新分类》顺利通过答辩,他以此获得了哈佛大学博士学位。当时的竺可桢是美国气象学界瞩目的"新星",摆在他面前的机会十分难得。但胸怀报国情的竺可桢更希望早日归国效力。回国后,他选择教书育人,并在气象学、天文学等方面做出开拓性成绩。

1. 留美榜上有名

1901年9月7日,清廷被迫签订屈辱的《辛丑条约》,同意向11个国家赔偿白银4.5亿两,分39年付清,本息共计9.82亿两。这就是历史上著名的"庚子赔款"。1908年,美国国会通过法案,授权罗斯福总统退还中国"庚子赔款"中超出美方实际所摊的部分,用这笔钱"帮助"中国办学,并资助中国学生赴美留学。双方协议创办了清华学堂,自1909年起,中国每年向美国派遣100名留学生。这就是庚款留学的由来。

1909年8月,第一次庚款留学考试在北京举行,共有630人参加。初试考了国文、英文和本国史地,通过了68人。复试考了物理、化学、博物、代数、几何、三角、外国历史和外国地理,最后录取了47人。同年10月,这47人和自费出国留学的3名富家子弟,共50人赴美留学。

第二章 学成归国

1910年4月15日,竺可桢在唐山路矿学堂入学刚满一年,第二批庚款留学考试报名开始了。当时国家和人民生活都十分困苦,竺可桢家里的生计也日益艰难,米行入不敷出,房屋产权也抵押给了别人。家里实在无力供竺可桢继续求学深造。这时,庚款留学使竺可桢看到一线希望,于是毅然报了名。

招考的标准很高而且考试十分严格,竺可桢根据自己的学习情况,对所考的科目作了客观分析,并制订了可行的复习计划,先复习自己较差的科目,然后攻克难点,在考试之前又全面复习了一遍。

这次考试全国各地报考的共1000多人,有条件的考生已提前到北京城里购买各种参考资料,请人辅导,而竺可桢只有两个多月在学堂复习的时间。

7月初,他提前十几天来到北京办理报考手续,同时抓紧时间复习。

7月21日是首场考试的日子,本场考试通过才能参加其他科目的考试。上午考中文论说,题目是《不以规矩不能成方圆》,竺可桢得心应手地做完,顺利交卷。下午考英文论说。之后他又集中精力复习将要考的其他科目。

7月25日发首次考试榜,共272名学生通过,竺可桢名列前茅。随后他又参加了代数、几何、物理、化学、希腊史、罗马史等十几科的考试。

之后便是焦灼的等待。发榜的日子终于到了,榜单前

挤满了考生及其家人。竺可桢用力挤进人堆,费力地在榜上寻找自己的名字:

第一名,杨锡仁,18岁,江苏震泽人,上海南洋中学

第二名,赵元任,19岁,江苏阳湖人,江南高等学堂

……

第二十八名,竺可桢,19岁,浙江会稽人,唐山路矿学堂

……

1910年,第二批庚款留学考试录取了70人,与竺可桢同批录取的还有后来在中国现代语言文学界影响深远的胡适、赵元任等人。

发榜时离出国只剩十几天的时间,竺可桢一想到出国后长期见不到家人故旧便归心似箭,回到久别的故乡东关镇。听说竺可桢要留洋,全镇像地震一般轰动了,慕名前来的人不计其数,他们想见识一下镇上首位出国的这位高才生有哪些与众不同之处。

穿过拥挤得水泄不通的街道踏进米店,见到满脸沧桑的父亲时,竺可桢不禁百感交集,潸然泪下。年老的父亲看到儿子有机会出人头地,心里非常欣慰,高兴得老泪纵横。

竺可桢又去看望了母亲,在母亲的坟前,他默默地对自己说:"无论到了哪里,我都不会忘记故乡,不会忘记母亲的养育之恩。我一定要做出一番事业,为竺家争光,为祖国争光!"

三天后，竺可桢告别老父亲，告别乡亲，告别家乡，到上海办理了各项留学手续，并按留美要求在一个外国理发馆剪掉从小留着的长辫子，换上了定做的西装。看着镜中的自己，他感到自己完全变成了另外一个人，只是心中一直勉励自己勿忘本。

1910年8月16日，抱着科学救国的理想，竺可桢和几十名同学一起告别在苦难中挣扎的祖国，踏上了开往美国的"中国"号轮船。

尽管码头上没有自己的亲友，但面对送行的人们，竺可桢还是不停地挥手拭泪，心情久久不能平静……

2. 从农学到气象学

竺可桢乘坐的"中国"号轮船从上海吴淞港起航，横渡浩瀚的太平洋，经过一个月的时间，于1910年9月16日到达美国旧金山。

随后，竺可桢和同学们又乘火车来到美国首都华盛顿留美学生监督处。在这里，留美学生监督处对每个学生的学习专业和所去的学校做最后确定，并与相关学校接洽。之后，他们便几人一组分赴各个学校。

选择专业时，竺可桢考虑到中国是一个农业国家，民以食为天，万事以农为本——他永远记得故乡宁绍平原那辽阔的田野，永远记得那躬耕垄亩和在父亲的米行里频繁进出的农民，永远记得多年前听父亲和农民对话时说的"人种天收"。他想弄明白为什么农作物的收成好坏要"看天"，他想知道那滚滚而来冲击中国市场的洋米、洋面、洋布是怎样生产出来的。于是，他选择到美国中部的伊利诺伊大学农学院学习。

伊利诺伊州号称"美国的粮仓"，坐落在美国最大的平原——中央大平原上。那里的土地以黑土为主，非常肥沃，加上气候温暖、雨水丰沛，很适合农作物生长，年年丰收，大豆产量在美国数一数二，玉米产量更是居美国之首。伊利诺伊大学农学院得天时地利之便，到那里学习，将有更多的机会了解美国先进的农业生产技术。

竺可桢非常珍惜这来之不易的机会，在美国求学期间，他几乎没有假期，不是读书就是外出考察。来到美国的第一个暑假，竺可桢和3名中国同学一起前往美国南方路易斯安那州和得克萨斯州旅行，目的是考察那里的水稻和甘蔗的种植情况。第二年，竺可桢又利用假期到美国中部的农场去做帮工，一方面挣些钱补贴花销，另一方面借此了解美国农场的实际运作情况。

通过校内的理论学习和校外的实际考察探究，竺可桢看到中国农业与美国农业的体制及耕作方式存在极大差距。在美国，玉米、棉花、甘蔗、水稻等农作物都产自专业农场。其中最大的不同是，美国农业是高度商品化、机械化的,而中国农业还停留在自给自足的小农经济阶段。竺可桢开始认真思考他的前途,结合当时中国农村的实际情况,他认为自己所学的知识远离中国农业现实,难以在中国运用。他希望学到切合中国实际的专业知识。

在路易斯安那州和得克萨斯州调研时,竺可桢亲眼看见黑人受到歧视和虐待,感到美国的自由平等并不像他们所说的那样,由此又联想到中国的贫苦农民过着比黑人更苦的生活,深感自己责任重大。

1913年夏,竺可桢以优异的成绩从伊利诺伊大学毕业。在选择继续深造的专业方向时,他倾向于学习与农业密切相关的学科,于是请教老师哪些学科与农业有关。老师热情地帮他在美国高等学校的众多相关专业中筛选,最后锁定两个专业:森林与气象。经过反复斟酌,竺可桢选择了气象专业。

当时,气象学是一门新兴学科,在美国高校中隶属于地学系,只有哈佛大学的研究生院开设有气象学课程。于是,竺可桢转入哈佛大学地学系,研读气象专业。

美国大学吸收了德国大学自由的科学研究精神,并结合国情和自身的发展经验进行创新,最终形成学术自由和教研相结合的独具特色的美国高等教育体制,使美国逐渐成为世界高等教育的中心。建于1636年的哈佛大学正是这样一所学风严谨、学术研究气氛浓厚的世界著名大学。哈佛大学的校训是"Veritas",即真理。竺可桢非常认同哈佛的校训，认为中国传统文化中的"求是"与"Veritas"精神是一致的。

1913年8月，竺可桢来到美国马萨诸塞州波士顿都市区剑桥市的哈佛大学，准备开始他的研究生学习生涯。这时，他从家信、报纸上获悉，祖国已经是"辛亥革命"之后的民国，但局势依然动荡不宁，军阀混战，民不聊生。得知这一切后，竺可桢更加坚定了科学救国的信念。他希望早日学成报效祖国。他认为，国内政治浑浊，前途渺茫，只有稳定的国内外环境才能发展科技，只有先进的科学技术才能使中国朝现代社会发展。

哈佛大学果然名不虚传，这里灌输式的讲授极少，启发式的讨论课和让学生亲自动手实习的课程相当多。这里的教学方式采用讲授法、讨论法和实验法，注重培养学生的分析能力和独创精神，鼓励学生对已被普遍接受的观念提出异议，对所学的知识点进行综合分析，以解决新的不熟悉的问题。

课堂上一般采取讨论式教学方法，这样学生必须在课前积极准备材料，上课认真听讲、及时消化，在听取老师与其他同学的发言后受启发、被激发，争取作高质量的发言。而且老师不设标准答案，鼓励学生们大胆发言，激发学生的好奇心、独立思考能力和批判性思维。

一向勤奋好学的竺可桢，刚到学校就去图书馆和书店寻找气象学、地理学方面的书籍，等到学校正式开课时，他已经读了不少气象学的书籍。

竺可桢的导师包括气象学家华尔德、麦克阿迪、沙顿教授。因为气象学是一门新兴学科，所以研究生不多。在开学的座谈会上，年过半百的麦克阿迪十分赞赏竺可桢选择气象学专业。最让竺可桢感动的是著名科学史教授沙顿的话，他说："气象学过去是、将来也一定是一门有益于人类的科学，它的价值将越来越为人们认识。"竺可桢牢牢记住了导师的这番话。

导师们向竺可桢介绍了当时的气象研究状况：气象科学还不成熟，尽管气象学界已经绘制了半个世纪的天气图，但谁也找不到正确的预报天气的方法，不知道天气系统的运行规律，没有可行的理论解释，对决定天气变化的原因也捉摸不透。各国气象学家众说纷纭：法国学者说，云系决定天气变化；德国学者说，高空情况操纵天气变化；挪威学者则专门研究大气云团。导师们认为，挪威学者的研究很可能会有所开拓……

在导师们的引导下，竺可桢一开始就瞄准气象科学的最前沿，除了攻读气象学、气候学等专业课，他还选修了历史地质学、冰川沉积学、地震学、区域地理学等多门相关课程。此外，他还选修了沙顿教授的自然科学史。沙顿教授特别欣赏这个瘦小又勤奋的中国年轻人，常常在课堂上表扬他。

就这样，竺可桢在世界一流学府如饥似渴地吸取着科学知识，一步步朝着科学的高峰攀登。

3. 哈佛气象学博士

一切科学都离不开实践。气象科学的研究和其他科研工作一样，不能关起门来靠自己苦思冥想，而要建立在长期大量的气象观测基础上。

竺可桢虽然勤奋好学，但是"巧妇难为无米之炊"，在开展气象科学研究时，他发现相关资料少得可怜。

在研究生三年级的时候，竺可桢和导师商定的硕士论文选题为"关于中国之雨量研究"，这是他的第一篇学术论文。定好论文选题后，他兴致勃勃、满怀信心地去图书馆搜集资料，结果找遍整个图书馆，只发现一本《中国十一年来之雨量》。这本书是上海徐家汇气象台总观察员劳绩勋所著。竺可桢急切地翻开这本书，想知道书中记录的雨量情况能否反映整个中国的雨量情况。令人失望的是，他发现徐家汇气象台的观测只局限于中国沿海地区，根本不可能通过这本书了解整个中国的雨量情况。

中国气象资料的匮乏，使竺可桢的研究工作陷入困境，但他一想到中国经常发生旱涝灾害，靠天吃饭的老百姓屡屡遭殃，就更加坚定了学好气象学的决心。一向不畏困难的他，决定从零开始展开中国气象科学的研究。他到各个图书馆查阅中国历代雨雪和旱涝实录；到美国气象台、测候所去实习,学习气象专家的工作经验和研究方法,从中获得许多气象资料,改善了中国雨量研究缺乏资料的状况。

经过研究和分析,竺可桢发现影响中国雨量和降雨分布状况的三个因素分别是季风强弱、地势高低和风暴路径,并首次提出中国降水的规律,对认识中国降水具有里程碑的意义。他还把中国风暴分为东北及内蒙古、黄河、长江、东海及黄海、太平洋等类型,这种分法直到20世纪80年代仍被中国天气预报所沿用。

1915年,竺可桢在华尔德、麦克阿迪两位著名气象学专家的指导下,获得硕士学位。

同年,在美国康奈尔大学学习的任鸿隽、杨杏佛、赵元任、胡明复等留学生,发起成立了中国最早的科学社团组织——中国科学社。1916年,中国科学社的主要发起人都转到哈佛大学学习。竺可桢也参加了中国科学社的活动,并负责《科学》月刊的编辑工作。中国科学社经常举办学术演讲和科普讲座,还定期举行学术年会,传播现代科学知识,对培育科技人才、振兴我国科学事业产生了重要影响。

硕士毕业之后,竺可桢又申请延长3年学习时间,继续攻读博士学位。

哈佛大学的博士课程立足于发展学生的理解能力和批判评估本专业领域最前沿知识的争论问题的能力,注重让学生自由探索和表述自己的观点,注重培养学生创造重大学术成果的能力。因此,学生必须与富有教学和科研经验的教授紧密合作，毕业时要提交论文并进行答辩。

这时的竺可桢就像一个万能钻头，不管在哪个领域，都能深深地钻进去，稳扎稳打地推进，并取得研究成果。1916年，竺可桢比较研究了中美两国的降水情况，写成论文发表在国际大气学科的重要学术期刊《每月天气评论》上，引起了美国气象学界和地理学界的关注。接着，他又写了《中国之雨量及风暴说》，发表在《科学》月刊第2卷第2期上。

由于研究成果丰硕，1917年，竺可桢被吸纳为美国地理学会会员，同年获爱默生奖学金。这一年，他在《史地》等杂志发表了《说风》等文章，并确定自己的博士论文选题为"远东台风研究"。当时，他查证了中国、日本、菲律宾、越南等国家遭受台风袭击的情况，对已有的研究成果进行对比分析，指出各国在台风分类方面的优点与不足，最后写成论文《远东台风的新分类》。

接着，他又在《每月天气评论》上发表了研究论文《关于台风中心的若干新事实》，首次提出："台风眼里温度强烈上升，是由于台风眼中强大的下沉气流所造成的。"这些研究新成果使他成为当时台风研究的权威人士。

在这些论文中，竺可桢开始运用现代气象学理论研究中国气象的实际问题，陆续提出一些独到的气象学观点和论据，引起气象学界的重视，直到今天，他的研究仍具有指导价值。

1918年，27岁的竺可桢潇洒地穿上博士服，戴上博士帽，获得哈佛大学博士学位，成为中国第一位气象学博士。在论文答辩中，教授认为他的研究已走在气象学界前沿，欢迎他继续进行超博士（博士后）的研究。当时美国已有几个气象台向他敞开了大门，但竺可桢却希望回到祖国，用自己多年所学为祖国尽一份绵薄之力。

4. 告别哈佛回国

1916年冬季的一天，风雪交加，正专心在图书馆搜寻资料的竺可桢收到了家里的来信。对于长期远离故土和亲人的海外游子来说，每次收到家信都像过节一样高兴。可是，这封信却让竺可桢悲痛万分，因为他的父亲去世了。

在竺可桢远离家乡的这些年，国内战火连天，百姓生活苦不堪言。他的大哥、二哥先后去世，如今连父亲最后一面也见不到了。此时此刻，他只能面朝东方，面向祖国，垂泪叩首遥祭。他知道家里经济状况不佳，于是从自己的生活费中省出钱来邮寄回家，以开销父亲的丧葬费用。同时，他暗自下定决心，一定要更加努力钻研，以告慰父母兄长在天之灵。

时间转眼来到1918年秋季，哈佛大学路两旁的枫树红黄交织，竺可桢踩着落叶漫步在校园里，仿佛走进了一个金色的世界。一只小松鼠捧着松塔在草坪上蹦来蹦去，突然它停住了，两只亮晶晶的小眼睛望着竺可桢。这一幕令竺可桢难忘，他留恋这里自然与人类一片和谐的美好氛围，但他深知此地非久恋之地。

经过5年的寒窗苦读，竺可桢要向这里的一切告别了。多年来的夙愿终于实现，他要回国了！别了，幽静美丽的哈佛大学！别了，卷帙浩繁、包罗万象的图书馆！别了，设备一流、技术领先的实验室！别了，博学而敬爱的导师们！

在哈佛大学学习期间，竺可桢不仅学到很多气象学知识，还增长了见识。哈佛大学的学风、学制，特别是前校长查尔斯·埃利奥特以40年的不懈努力，改革学制、延聘知名教授、提倡学术自由，使哈佛大学成为世界知名的一流学府的办学理念，这些都对竺可桢的教育观产生了很深的影响，也在他心中埋下一颗发展现代高等教育的种子。

在美国留学期间，竺可桢还养成了每天写日记的习惯，这个习惯伴随了他一生。每天的气温、风向、阴晴等气象情况，以及有关气象研究的各种资料，都是他记录的内容。从这时起，他还养成了另一个习惯——随身携带钢笔式温度计，随时测量气温。

哈佛大学的一切令竺可桢难以忘怀，但"梁园虽好，不是久恋之家"。对祖国的强烈思念一遍遍震颤他的心房，他听见了来自故园、来自心底的真诚呼唤。他必须回去用所学的知识报效祖国,实现自己的志向,用科学拯救苦难中的祖国。这时,中国科学社也随着留学生回归祖国而迁到了上海。

1918年8月,竺可桢刚刚获得博士学位,便搭乘从美国开往中国的轮船,回到了阔别8年的祖国。此时欧美各国的变化可谓日新月异,而中国却满目疮痍、四分五裂,各方面都落于西方各国,尤其科学技术更是远远落在西方各国的后面。这一悬殊对比令竺可桢忧心如焚。

踏上故乡绍兴的土地,竺可桢看到了比当年离开时更凄惨的景象:土地贫瘠,河流干涸,老百姓衣不蔽体、形容枯槁。刚从充满生机活力的美国返回的他被眼前的景象强烈地震撼着。

在家乡,竺可桢拜望了亲友、师长,祭奠了父母兄长。家里的店铺和房子都已经换了主人,还有许多事务需要他处理:父母的坟地下陷需要尽快迁移,两位兄长的遗孤需要抚养……他没有感伤叹息的时间,只求尽快谋得一份工作,既能解困,又能实现自己科学救国的理想。

5. 潜心教书育人

听说哈佛大学博士竺可桢回国,上海海关、武昌高等师范学校(今武汉大学前身)、南京高等师范学校同时向他发出聘书，其中上海海关的薪俸最高。但是，中国海关从清朝开始便为外国列强所把持，严重损害了中国主权，在竺可桢看来，选择海关就是选择与外国列强勾结在一起：他们在沿海设置气象网，通过窃取中国气象情报为夺得更大的利益服务。而竺可桢最大的心愿就是在中国建设独立自主的气象研究事业，所以根本不可能为了高薪为海关效力！

经过考虑，竺可桢选择了武昌高等师范学校。在武昌高等师范学校，他除了教博物地学部的地理课，还为数学理化部毕业班讲授天文气象课。他备课认真，同时开拓新的教学领域，按国际前沿的地理学观点试编新教材。此外，他还带学生去湖北大冶参观实习，参加博物学会、数理学会的活动，作学术演讲等。他还热心于公益，捐赠图书和款项，支持学会活动。他的教学成绩以及负责的教学态度，受到了师生们的一致好评，武昌高等师范学校决定续聘他为专任教员。

1919年11月23日10时左右，竺可桢正在长江边散步，平静的江面瞬间飓风大作，波涛汹涌，浪高五尺，江面上几十艘帆船全部沉没了！竺可桢目睹这一切，非常震惊。第二天，他从报纸上得知，原来是飓风沿长江东去，不仅武汉遭了殃，其他地区遭受飓风袭击的帆船也数不胜数。竺可桢对此非常痛心，他想，如果中国有自己的气象观测站，配备必要的仪器设施进行天气预报，遇到这样的飓风就不会遭受如此大的损失了。

1920年,竺可桢转任南京高等师范学校。这年冬天,南京高等师范学校开始扩建,1921年扩建完工后,改名为东南大学,竺可桢担任地学系主任。在这段教学生涯中,竺可桢培养了我国第一代地理学、气象学工作者。该校地学系在我国大学中是第一个设立的,下设地理、气象、地质、矿物四个专业,气象专业也是我国大学中首次设立该专业,我国从此开始自己培养气象人才。后来在我国有建树的老一辈气象学家中,许多人都是竺可桢这一时期教授的学生。

竺可桢讲授的课程有地学通论、气象学、世界地理。很多授课内容是竺可桢自己编写的教材,他由浅入深地引导学生们认识空气,认识不同高度的空气成分,了解为什么天空看上去是蓝色的……在安静的课堂上,竺可桢引经据典,深入浅出,把复杂的气象学知识"润物细无声"地传授给学生。学生们跟随着他,在神奇的空间出入,探索风云变化的无穷奥秘。

地理学、气象学都属于应用型学科,竺可桢在教学中非常重视培养学生们的实践能力,把野外实习作为地学系各科的必修课。他经常带着学生翻山越岭,到野外考察,观察气象变化。

一个星光灿烂的夏夜,学校操场上围坐着许多地学系的年轻学生。他们正在参加竺可桢召开的露天学术研讨会。

竺可桢指着深邃迷人的苍穹中的星座，从二十八星宿谈起，一直讲到航海、测量及农业生产。许多在校园里漫步乘凉的外系学生也被吸引过来。这场别开生面的学术研讨会一直持续到深夜，大家才余兴未尽地散去。

为了培养学生们的实际工作能力，竺可桢还在校园里设立了气象测候所。

在校园东侧有一个僻静的院落，叫梅庵。梅庵环境幽雅，松青草绿，尤其是春天，迎春花开得金灿灿一片，令人赏心悦目。地学系气象专业的气象测候所就坐落在这里。测候所购置了比较齐全的仪器设备，并聘请专人规范管理。竺可桢在这里指导学生观测训练，每周对观测结果进行分析，由他亲自撰写气候报告，定期与国内外气象台交换气候信息。

在竺可桢看来，学生的考试成绩固然重要，但对于气象学这门学科来说，实际工作能力和科研能力更重要。他认为不必用记分制考试来衡量学生学习情况，应该让学生对所学知识融会贯通，同时结合气象观测的实际情况，专题报告要做到从实际出发。他还十分赞成学生学习外语，并热情地帮助学生翻译科研资料，以便学习外国的前沿知识。

教学之余，竺可桢还埋头于科学研究和著述，在国内外专业刊物上发表论文60余篇。他利用古代典籍中的物候记载，研究中国历史气候的变迁，这成了他科研工作中的一个创举。他的《中国历史上气候之变迁》《南宋时代我国气候之揣测》《中国历史上之旱灾》等著作,是他在这个领域专题研究的一次丰收。

竺可桢的研究成果使人们眼界大开。气象学研究在让人们回望过去的同时,还提醒人们预测未来,而预测正是气象学研究的本质。

竺可桢不仅在气象学上有所建树,在天文学史方面也有重要著述。1926年,他所写的《论以岁差定〈尚书·尧典〉四仲中星之年代》,发表在《科学》《史学与地学》两份刊物上,创造了用现代科学方法整理古代天文史料的方法,对历史学界产生了巨大影响。

对于《尚书·尧典》中记载的"日中星鸟,以殷仲春""日永星火,以正仲夏""宵中星虚,以殷仲秋""日短星昴,以正仲冬",竺可桢经整理研究发现,这是古人对天上恒星在春分、夏至、秋分和冬至四个节气那一天观测的记录。

经过研究,他得出了周密的推论方法:先考虑观测时间地点(主要是纬度),再研究"鸟、火、虚、昴"对应现代的哪些星座,然后从1926年天文年历中查出这些星座的赤、经数据,再将这些数据与从理论上求出四个节气时南中星的赤、经数据相减,将得到的差数用岁差常数50.22来除,就得出了这是1926年以前多少年所观测的星象。

为了检验自己的方法，竺可桢先用这个方法对《汉书》中记载的星相进行了试算，发现完全相符，于是又把它应用到《尚书·尧典》，结果是：《尚书·尧典》中所记的四仲中星，除了"日短星昴"外，其他三个都是殷末周初，即3000多年以前的天象。

历史学家徐炳昶读了竺可桢的这篇文章后，无比钦佩地说："读到竺可桢先生所著之文，欢喜赞叹，感未曾有！"

20多年后，赵庄愚先生对竺可桢这一观点作了进一步探讨。他根据《尚书·尧典》的上下文参考其他古代典籍判断，四仲中星不是在一个地点观测的，而是在"畅谷"（今山东北部）、"明都"（今湖南长沙南部）、"昧谷"（今甘肃境内）、"咄都"（今北京一带）这四个地点观测的。确定了观测地点之后，他采用竺可桢的方法计算，结果证明"日短星昴"也不例外。四仲中星属于一个系统，属于距今4000多年前的天象，也就是夏朝初年的天象。

时光飞逝，从武昌到南京，竺可桢在高校执教不知不觉已过去近10年。"桃李无言，下自成蹊"，在他的带领下，东南大学新兴的地学系培养出了我国最早的一批地理学、气象学、地质学方面的专家，东南大学得以名扬海外。30多岁的竺可桢也著述颇丰，事业有成，为国内外学者所关注。

1920年，他与出生于书香世家的张侠魂结婚，后育有长子竺津、长女竺梅和次子竺衡。

第三章 为中国气象事业奠基

北极阁上的日月星辰、风雨雷电,陪伴竺可桢度过了几度春秋。1928年到1936年,是竺可桢从事气象科学事业的重要时期,也是他为中国气象事业奠基的时期。他循序渐进地建立气象研究所、在全国筹建气象测候所、培养人才队伍、发表学术成果、普及推广气象知识,多头并进,处处开花。中国的气象研究事业就此扎根,并茁壮成长起来。

1. 建立北极阁气象研究所

有着5000年文明史的中国，古代的科学技术曾经处于世界领先地位，关于气象的记载可以追溯到公元前14世纪。早在殷商时期，人们就用甲骨文记载风、雨、云、雪、雹、霰、雾、霾、虹、霓、雷、电、霜、霁等自然现象。到周朝前期，人们把许多气象方面的知识编成了歌谣。秦汉以后，历代史书、方志中也留下了许多关于天气的寒、燠、燥、湿、旱、涝、风、冻等丰富的记载。

中国还是世界上测量雨量最早的国家。早在15世纪，我国古代气象工作者发明的测雨器就传到了朝鲜半岛。不过，用近代气象仪器观测的资料，则以法国传教士戈比司铎在1743年（乾隆八年）的记录为最早。

1840年鸦片战争后，一些外国人先后在北京、香港、上海、青岛以及其他通商要地设立各种气象观测机构，气象观测的权利也被他们窃取和垄断。比如,上海徐家汇气象台就是由法国人于1872年年底创建的气象工作台,主要为一些国家的航运服务。竺可桢1916年在哈佛大学研究中国风暴问题时,中国沿海的风暴预报就是由建在上海法租界的徐家汇气象台提供的。

这些外国人在中国的一切活动都是以满足其本国利益为目的,他们在中国建立气象台,并不是想帮助中国发展气象事业,而是为他们更方便地掠夺中国资源服务。这些气象台的分布很不平衡,统计数据也相当不系统、不完整。一些爱国人士曾多次主张收回气象机构的管辖权,但都未能实现。

1912年,北平东城钦天监设立了中央观象台,开始了中国现代的气象观测事业。中央观象台隶属于教育部。1913年,政府在观象台增设了气象科,由蒋丙然负责。蒋丙然刚从比利时留学归国,获得气象学博士学位,掌握了相当的西方科学知识。气象科管辖张北、库伦、开封、西安等地的气象测候所。另外,农业、水利、航空等部门也设立了一些气象测候所。可惜好景不长,到20世纪20年代初,由于军阀混战,这些测候所因经费短缺而陷入停顿状态。

气象研究对中国的重要性不言而喻,早在1916年留学美国期间,竺可桢就在《中国之雨量及风暴说》一文中谈到,国内自然资源分布不均衡,有些地区洪水肆虐,有些地区却连年干旱，造成每年数次的灾难与饥馑，因此，只有预测各地雨量的多少才能做到防患于未然。为解决各地农业生产中的这一积弊，竺可桢认为，设立气象台该提上日程了。

1927年，北伐取得胜利。国民政府开始重视科学技术，于1928年在南京设立了国家最高学术机关——中央研究院。经过推举，由爱国教育家蔡元培任中央研究院院长，杨杏佛任秘书长。中央研究院下设观象台筹备委员会，观象台筹备委员会分为天文研究所和气象研究所两部分，蔡元培邀请竺可桢筹建中央研究院气象研究所。接到邀请，竺可桢激动不已，爽快地答应下来，被任命为气象研究所所长。

开创中国自己的气象事业，是竺可桢多年来的心愿，他决定全力以赴投入工作，振兴中国气象事业。但是，当时中国气象事业就像一张白纸，究竟该从哪一步开始呢？1928年，竺可桢离开了熟悉的校园和可爱的学生。他的心中涌动着开创中国气象事业新局面的激情，涌动着多年夙愿即将实现的兴奋和喜悦，仿佛看到了希望。

当时中国也有一些气象研究机构，但是职权有限，根本没有机构统一管理气象工作。中央研究院气象研究所既是全国气象学术研究机构，又是全国气象事业的领导机构。竺可桢出任气象研究所所长后，面对一片空白的气象事业，所有工作都要从头做起，所有工作都必经他手，可谓千头万绪。不过，这对他来说不算什么，他杰出的领导才能和实事求是的科学精神，在筹建气象研究所的过程中得到了充分显示。

作为一个全国性的机构，首先要有一个稳定的办公场所。竺可桢走遍南京，克服重重困难，最后将办公场所定于北极阁。为了在北极阁建立气象研究所和气象观测站，他辛苦奔走了一年！

北极阁即南京钦天山，这是一个海拔67米的小山丘，因山顶有一座道观叫北极阁而得名。它北瞰玄武湖，南眺南京市，山巅平坦，四周无碍，是建立气象台的理想场地。北极阁历史悠久，早在南北朝的刘宋年间，钦天山就设有司天台，元明两代也曾在这里设立观象台。清朝定都北京后，康熙年间观测仪器移往北京，历经风雨的北极阁逐渐荒废。到20世纪20年代，这里树木丛生、荆棘遍地，已是一座荒山，山顶的北极阁也成了危楼，残垣断壁、梁柱腐朽、楼板洞穿，无法登临，实地勘察到的这些情况对建立气象台十分不利。

暮春三月，正是江南莺飞草长的时节，竺可桢与建筑设计工程师一起来到北极阁勘察建筑地点，拟订建筑计划。他亲自过问每一处的布局，每一个施工中出现的问题。当时北极阁中还有一位老道士在修行，竺可桢为他安排了生活住所，并多方奔走，迁走了住在里面的其他人员。

日子一天天过去，北极阁气象研究所已见雏形，那里每一处都留下了竺可桢瘦小的身影，因为每天他必到这里检查督促。

1929年年初，基建工程大体完成，气象研究所正式迁入北极阁。这里是南京市区的最高处。北极阁顶是三层塔式观象台。观象台呈六棱柱形，底层是宽阔的台座和回廊，六根台柱托着宽敞的环楼观测阳台；第二层也是环楼观测阳台，比第一层略窄些；第三层是观测平台。在这里，可以俯瞰云雾缭绕的南京城。从此，观象台成了金陵古都的新景致。

工作终于可以展开了，北极阁呈现出一片生机勃勃的景象。除了原已进行的地面气象观测外，气象研究所先后开展了高空气象观测、天气预报和气象广播业务，同时还开展了物候、日射、空中电气、微尘及地震等多项观测业务和研究工作。随后，气象研究所也在北京等地开展了利用测风气球、探空气球、飞机和气象风筝等探测多项工作。1932年，北极阁气象研究所开始了地震的记录，这是我国近代最早的地震台之一。

风向风速、云形云量、能见度、气温、气压、湿度等是气象预报、气象研究工作的基础，地面气象观测主要是观测和记录这些天气现象。因此，气象观测必须做到严格、认真、准时、准确。无论是严冬酷暑还是风雨雷电，测候员都必须按规程进行观测，不可以有半分钟的延误和疏漏。

南京的冬天十分寒冷，气象研究所建在山上，山上寒风刺骨，滴水成冰，但是无论天气多么恶劣，每天都必须有人值班。值班员从早上6点到下午2点，每小时观测一次各气象要素。

这一天，轮到年轻的测候员朱炳海值班。清晨5点半，朱炳海从温暖的被窝中艰难地爬起来，打着冷战，穿好衣服，准备做例行工作。6点整，他开始观测气压表、温度表、湿度仪，一边查看一边记录。窗外仍是漆黑昏暗，四周寂静无声。突然，外间办公室的灯被打开了，一股袭人的寒气钻了进来。竺可桢微笑着走进来并拍了拍朱炳海的肩膀，亲切地说："你继续工作吧。我睡不着，来这里看看。"

这并不是偶然情况。竺可桢经常不顾寒冷，早早上山，不定时地检查测候员的工作，唯恐测候员有疏漏之处。有时夜间有雨，天气更加阴冷，人非常容易倦怠，到清晨6点第一次定时观测时，就容易忽略察看雨量筒中的雨量。因此，竺可桢常常亲自检查，如发现测候员漏测漏记，就会严肃指出问题。

竺可桢严肃认真、一丝不苟的工作作风，深深地影响了他的学生和下属，使他们在学习和工作中受益良多。后来，朱炳海成了南京大学气象系主任、教授。每忆及此，他都感慨万千，对竺可桢的精神百般佩服。

1930年元旦，在竺可桢的带领下，气象研究所正式绘制了东亚天气图，并发布天气预报及台风警报，收回了我国对沿海各气象站的管理权限。从此，我国有了自己领土领海内的气象预报。

一天，竺可桢正在北极阁气象研究所安排工作，两个日本人胁迫金陵大学的一位教授来到北极阁。这两个日本人脖子上挂着照相机，傲慢地说他们是日本的农学家，因为气象事业和农业生产有很大关系，所以特来参观，希望竺可桢能够授权让他们实地摄影，带点宝贵的资料回日本学习。

气象台作为国家机密单位，不能让外国人随便照相和参观，因此，竺可桢义正词严地拒绝道："很遗憾，对你们的要求我不能同意。"

日本人贼心不死，用威胁的口吻说："你这样做，同贵国政府的'睦邻政策'未免有些不合吧？恐怕有损两国的友谊！"

竺可桢听了觉得很好笑。"友谊的前提是互相尊重、双方平等，这个道理你们一定懂得。"他不卑不亢地回答说。

还是在这一年，竺可桢带队参加了在香港召开的远东气象会议。会议期间举行了两次宴会，中国代表的席位被安排在末席。竺可桢认为这是对我国的不尊重，令人难以容忍。在他的提议下，出席会议的中国代表以退出会议的

第三章 为中国气象事业奠基

行动表示抗议,提前乘坐海轮返回上海。

这一桩桩事情,让竺可桢感到愤怒,也使他更加坚定了独立自主创办我国气象事业的决心和信心。他要让全世界都知道,中国有气象学研究,中国的气象学研究并不落后。

此后,竺可桢把全部精力和心血都投入北极阁气象研究所的建设和发展中。气象研究所建在钦天山,有利于气象观测,但荒草丛生,道路狭窄,交通不便。为了方便通行,他买来几千块旧城砖,砌起了山路台阶,又主持修筑了直通山顶的盘山碎石汽车道。

竺可桢认为,科学工作者应该多看书多学习,为此他在气象研究所建了图书馆。图书馆的最下一层是安装了三层窗户的地震仪室,室内可保持恒温恒湿。

由于经费有限,竺可桢精打细算,把有限的经费主要用来购置气象仪器设备和图书期刊。同时,他与气象研究所的科技人员商议讨论后决定每人兼顾一部分日常事务性工作,以节约人员开支。

竺可桢的家就在山下。为了方便工作,政府给他配备了小汽车,但他上班常常步行爬山,小汽车只用于外出办公事,只有遇上风雨等恶劣天气时,他才让汽车接送。他说,这样既节约经费,又锻炼身体。所里的年轻人有时下山购物、会友等想乘坐汽车,但看到竺可桢如此严于律己,也都效仿他,尽量步行。

竺可桢深知生态平衡的重要性。从建所那年开始，每年春天他都带领全所同事在山上植树。他们在山坡上种了松柏、杨树、梧桐，年复一年，北极阁绿树成荫，环境宁静幽雅，成为远近闻名的胜地，引得许多人前来参观。

渐渐地，北极阁气象研究所成了全国气象科学研究基地及指导全国气象事业发展的中心。后来，经蔡元培同意，中央研究院总办事处也设在钦天山上。由此，钦天山一带成了科学研究的集中地。

2. 研究中国气候变迁

1923年前后，竺可桢读到一篇由欧洲气象专家写的有关气候变迁问题的论文。这位气象专家对欧洲的气候做了一番研究后发现，欧洲在12世纪初到14世纪初的200年间，天气比其他时期要冷。

据记载，挪威人在9世纪至11世纪非常活跃，是北方世界的旅行家，因为那时欧洲和北大西洋处于温暖的时代，加上挪威费尔赫尔王朝的残暴统治，挪威人纷纷移民，移居到冰岛和格陵兰岛，航行到北美洲、俄罗斯。

其中有一个叫埃里克的人因杀人罪被放逐到冰岛，他沿着大西洋暖流，经过激浪拍击的海岸，来到西南岸峡湾里最暖和的地方，在那里开垦种植。埃里克想，要把更多的人吸引到这里来，必须给它取个美好的名字，于是他想到了"格陵兰"，英语"Greenland"的意思是"绿色的土地"。

埃里克发现这个岛后，从挪威拉来了许多移民，他们以养殖业为生。但大自然并不总是顺从人意，从12世纪开始，这里的气温逐渐降低，环境越来越恶劣。漂浮的冰山从北极往南向格陵兰岛缓缓漂来，格陵兰岛东岸被冰山封锁了，从冰岛到格陵兰岛的航线也不得不变更。因为气候恶劣，航行困难，冰岛人和挪威人再也不驾船去格陵兰岛。埃里克的移民点在维持了500年后，终于在风雪交织、饥寒交迫中绝迹，那里成了一片冰原。

竺可桢读完这篇论文后，脑海中冒出了一个大胆的想法："这是对欧洲气候变迁的研究，而中国的气候变迁，至今无人涉足，应该有人研究才是。既然欧洲从12世纪到14世纪这段时期比其他时期冷，那么，中国是不是也这样呢？不妨通过独立的研究，印证一下这个结论的适用范围。"就这样，他开始了对中国气候变迁的研究。

南宋到元代初年，正处于12世纪到14世纪初这一时期，怎样才能知道这个时期的冷暖旱涝呢？竺可桢自有办法。他对我国古代气象史有过细致的考察，知道我国历代朝廷都设有专门机构，安排专人对历代的经济、政治、文化，甚至旱涝灾害、气候冷暖等详细记载，这就是二十四史。经过反复研读，他从《宋史》与《元史》等的记载中找到了一个共同的现象,就是降雪。

当地天气寒冷的特征是通过降雪来反映的,天冷的时间和降雪的时间成正比,降雪次数的多少也和寒冷程度成正比,那么,那个时期的寒冷程度可以从第一次降雪的时间和最后一次降雪时间的早晚分析得出。竺可桢几乎查遍了二十四史中各个朝代关于降雪的描写,发现宋朝降雪是各朝代中最多的,其中又以南宋为最多。南宋国都临安(今浙江杭州)春天的降雪从1131年到1264年的133年间,就有41次之多。

接着,竺可桢对古代和现代的气候资料及这些推论一起进行汇总研究,据此写出论文《南宋时代我国气候之揣测》,说明南宋时期比唐代、明代和现代都要冷,这和欧洲气象学家的结论是一致的。这不是随便猜测、推论,而是竺可桢经过几年呕心沥血的摸索得到的科学研究成果。他历尽艰辛,终于在自己辛勤开拓的中国气象科研园地里,栽培出第一朵中国气候变迁的科研之花。

1925年、1926年、1931年,竺可桢又在中文学术刊物上发表了3篇相关论文,把中国气候变迁的研究向前推进了一步。所有这些关于气候变迁的研究成果,经过提炼、补充和发展,最后凝结成为《中国近五千年来气候变迁的初步研究》一文。

3. 筹建全国气象测候所

自担任气象研究所所长以来，竺可桢脑中长期萦绕着发展全国气象事业的宏伟构想，并拟订出《全国设立气象测候所计划书》。

在计划书中，他阐述了气象与农业、渔业、航海、航空、水利及科学开发、破除迷信的关系，提出必须在全国各地划区设立气象台，根据实际情况，视区域大小及地形、人口，设立气象测候所。他的计划是10年之内，全国建设10个气象台、180个测候所、1000个雨量测候所，这样才能为全国各行各业提供基本的气象保障。

对于偌大的中国来说，这只是最起码的标准，但在当时的情况下，要建设如此规模的气象台网只能是美丽的梦想。

尽管如此，但竺可桢没有放弃。他一直想在西藏建立测候所。西藏高原的气候、天气变化，对东亚一带特别是长江流域的气候有重大影响。1933年，中央大学地理系的青年教师徐近之被任命为全国资源委员会青康藏调查员，准备进藏调查。竺可桢得知这一消息后，百忙之中抽出时间与徐近之会面。一见面，来不及寒暄，竺可桢直奔主题，请徐近之帮忙在西藏工作时协助气象研究所在拉萨建立一个测候所。徐近之非常支持这项科学事业，于是，1935年竺可桢派西宁的测候员王廷璋等人和徐近之一同前往拉萨。

当时入藏交通不便，语言也不通，还要克服高原反应。西藏高原平均海拔4000米，面积约123万平方公里。1934年6月30日，徐近之、王廷璋等人从西宁动身，历经三个月的艰苦跋涉，一次次闯过鬼门关，终于抵达拉萨。从那时起，中国人开始在"世界屋脊"上进行气象观测，南京的气象研究所通过无线电台收到了拉萨的气象观测和气候资料。

很快，竺可桢又亲自送气象研究所职员胡振铎、姜亚光、翟逯理三人登上了入川的轮船。那时从四川寄出的信件，送到南京的竺可桢手中，要两个多月。蜀道之难，难于上青天。峨眉山海拔3079.3米，徒手攀登已是难事，而要在峨眉山上开展测候，困难不言而喻。胡振铎等人克服种种困难，爬上海拔3045米的峨眉山第三高峰——千佛顶，建立起中国第一个高山测候所，于1932年8月1日如期开始气象观测，并于次年8月31日如期结束撤回，历时十三个月，收集到许多宝贵的资料。

紧接着，竺可桢又盯上了泰山。在巍峨的泰山极顶有一座雄奇壮丽的日观峰。由于海拔高，这里常有风云变幻、气象万千的天气景观，是观看日出的绝佳地。在泰山玉皇顶道观有一个早期的测候所，竺可桢决定在这里办一个永久的高山气象台。

要建站，首要解决的问题是资金短缺。竺可桢不得不亲自筹措资金，他一次次地和山东省建设厅等部门负责人会面，商议在泰山日观峰上建立泰山气象台。1936年年初，竺可桢还亲自到泰山检查气象台建设的进展。

泰山为中国"五岳"之首，风景秀美绝伦，古代帝王和文人骚客在此留下了许多碑刻。除了人文景观，泰山极顶更有雄浑绮丽的自然风光。但竺可桢顾不上细细欣赏这些美景，而是到处搜集泰山附近老百姓流传的谚语。中国很多地区一般认为"东南风，雨祖宗"。竺可桢经过询问却发现，泰山附近流传着"西南风，雨祖宗"的谚语。为什么这个地方与其他地区不同呢？带着疑问和好奇，他到处搜寻泰山气象观测资料，经过研究分析得出，泰山风向和降水的关系之所以与其他地方不同，原来是因为泰山特殊的地理位置和气象条件。

1936年年底，经过一年多的努力，泰山日观峰气象台终于竣工，蔡元培高兴之余，亲自题写了纪念碑文。

泰山日观峰气象台是一幢由花岗岩建成的建筑，这里日出日落、林泉松涛，景色美丽奇幻，但是要在这里坚持观测气象，是非常困难的，别的不说，单是那种寂寞就令常人难以忍受。气象观测员必须克服这些困难，日复一日地开展工作。起初这里只进行全天候观测记录，有两个测候员轮流值班，后来又增加了日射和紫外线观测项目。直到今天，这座坚固的高山气象台仍屹立在日观峰上，为中国的气象事业服务。

4. 培养气象科研队伍

把梦想变成现实的过程无疑是艰难的，不仅全国气象台网的建设有困难，气象测候人员的短缺也是个很大的问题。为了培养气象研究学员，在竺可桢的主持下，气象研究所先后开办了4期气象学习班。竺可桢亲自授课，总共培训了近百名学员，充实到各级气象部门。

1934年9月10日，《中央日报》《大公报》登载了气象研究所开办第三期气象学习班的招生启事：

凡高中毕业，30岁以下者均可报考气象学习班。录取名额为三十名。2月份开学，学习时间为六个月，膳宿自理。毕业后派赴各地气象测候所任职，月薪四十元，以后视其服务年限和成绩加薪。

从这天起，前往气象研究所报名的人络绎不绝。气象学在当时属于新兴学科，对有志青年具有一定的吸引力，而且职业有保障，承诺的待遇也较优厚。因此，一些符合条件的大学生和中学教师也纷纷前来报考。到报名截止时，共有530多人报考。

9月23日，时值中秋，金风送爽。这一天，考生们来到南京考试院进行选拔考试。考试科目有数学、英文、党义、国文常识，作文题目是《气候与人生》。成绩揭晓后，由于考试成绩优良者众多，改为录取40人，竺可桢亲自对他们进行了面试。

阳春三月，第三期气象学习班大考完毕，结业在即。在结业典礼上，中央研究院总干事、著名地理学家丁文江先生亲切致辞。窗内，洋溢着欢声笑语；窗外，突然雷电交加，暴雨倾盆。江南3月罕见的雷雨天气，仿佛要给这些未来的气象工作者送一份特殊的见面礼。

当时的中国，先后发生了"九一八"事变和"一·二八"事变，整个国家笼罩在战争的乌云下，但是，经过十几年坚持不懈的努力，气象研究所在全国各地建立测候所28个，由气象研究所协助各部门建成各级测候所50个。

从创建气象研究所到1936年4月就任浙江大学校长，这8年是竺可桢进行气象学研究的高峰时期。作为气象研究所所长，他每天面临着繁杂的行政事务性工作，他的科研论著都是利用业余时间写出来的。

工作时，他精力充沛，效率很高。早上，他通常第一个到办公室，晚上最后一个离开。外出办事回到气象研究所，哪怕离下班只有半小时，甚至十几分钟，他也要利用起来。即便在车上、路上,他都随身带着书籍,有空就看。他坚持亲自动手搜集资料、查阅文献、分析论证,不厌其烦。工作之余,竺可桢还把外国一些专业期刊上的论文翻译成中文,交给有关刊物发表,供国内研究者参考学习。

科学研究需要实事求是、一丝不苟的精神。竺可桢始终严格要求自己秉持这一原则从严治学。他的做法也深深感染了周围的人,对气象研究所的职员、学生起到潜移默化的作用。

在竺可桢的影响和带动下,气象研究所学术研究氛围浓厚。当时,气象研究所测候员主要从事各种观测、天气预报、资料整编工作,为了培养他们的学习能力和观察能力,竺可桢也让他们承担部分研究工作。从1929年到1937年,气象研究所的工作人员共写出20余篇论文,发表在《气象研究所集刊》上,这些论文在与外国气象研究机构的学术交流中受到重视和好评。

在以前的气象研究中,竺可桢苦于气象资料难寻,深感资料缺乏对研究造成不便,决心不让后人再受此困扰。为此,他带领所里的气象工作者对当时能搜集到的中国气象资料进行整理、汇编。经过多年的努力,他们整编出《中国之雨量》和《中国之温度》两部著作。

这两部著作凝聚着竺可桢及中国第一代气象科学工作者的心血,是两部资料性质的著作。书中翔实的统计数据来自他们的多年实地考察研究,让人一目了然的图表也是研究所的研究员们一笔一画画出来的。

捧着这两部还散发着油墨清香的著作,竺可桢感慨万千——这是中国气象史上第一部完整的、系统的降水和气温的记录。它们清晰地记录了中国各地历年来的天气状况,为气象工作者和各个行业的从业人员提供了极其宝贵的气象资料。时至今日,它们仍具有相当高的参考价值。

5. 气象科研"大丰收"

北极阁上的日月星辰、风雨雷电、晚霞晨霭,陪伴竺可桢度过了几度春秋。从1928年到1936年,竺可桢潜心从事气象科学研究并发展中国气象事业,此时期是他为中国气象事业奠基的时期。

在这一时期,面对内忧外患,政府逐渐无意于发展科学技术,科学研究面临着资金短缺、人才匮乏、信息闭塞、各级权力部门互相掣肘等重重困难。但是世上无难事,只怕有心人,竺可桢等老一辈气象学家经过坚持不懈、艰苦卓绝的工作,为本来十分薄弱的中国气象事业打下了坚实的基础。他们建起科研领导机构,对全国的气象科研、预测工作进行宏观指导;还在全国各个地区建立各级测候所,使气象观测、预报逐渐走上正轨。除此之外,他们还培养了一批气象工作人员,建立起一支从事气象科研、测候工作的人才队伍，促进了中国气象学界与国际气象学界的交流与合作。

对竺可桢个人来说，这一时期也是他致力于气象科研的丰收期。他在这段时间发表的气象论著，对中国的气候区划、季风、大气运行、气候变迁、物候等方面的研究都是开拓性的，具有很高的应用价值，辐射到多个行业、领域。

《中国气候概论》是竺可桢在多年潜心研究中国气候的基础上撰写的一本著作。竺可桢认为，影响中国气候的三个主要因素是海陆分布、山岳阻隔、风暴活动。他在论著中指出，中国北纬40度地区，与西欧和北非相似，大约相当于地中海的纬度。可是，中国这一带的气候与西欧、地中海却大不相同，为什么呢？造成这种差异的原因就在于海陆分布。西欧是海洋性气候，中国则是大陆性气候，同时又处于明显的季风区。季风给中国气候带来两种影响：一是使冬季干燥寒冷，二是使夏季湿润炎热。在这部著作中，竺可桢阐明了秦岭是中国南方和北方的分界线，还一一说明了喜马拉雅山、昆仑山、天山、阿尔泰山、五岭、西藏高原、云贵高原对气候的影响。

竺可桢不仅对中国东部经济较发达的地区进行气候探索，也对西北、西南边疆的气候进行分析研究。他在书中指出川西多雨的原因、天山对我国北方的屏障作用、藏南地区的水蒸气来源于印度洋、河西走廊的农业灌溉全靠祁连山的冰雪……这些研究成果对当时的人们来说可谓耳目一新,不仅解开悬疑多年的气候差异问题,也开阔了读者视野,使其真正认识到祖国幅员辽阔。

《中国气候概论》初步架构了中国气候科学研究的理论体系,奠定了中国气候科学的基础,对于我国的气候区、自然区甚至农业区的划分都具有科学意义,至今仍有深远的影响。竺可桢提出的一些原则、方法、区域名称、指标和界线,至今仍为人们沿用。

在此期间,竺可桢还写了一些指导气象预测和生活实践的文章。

《南京三千公尺高空之风向与天气之预测》描述了南京的气候特点,对南京后来的天气预报工作具有指导意义和实用价值。

在《气候与人生及其他生物之关系》一文中,竺可桢认为气候与人们的衣、食、住、行等方面有密切关系。这篇文章启发了气象工作者进一步研究服装与气候、饮食与气候、建筑与气候、交通与气候、医药卫生与气候等应用气候学,首开先河地证明了气候学是一门无处不在的科学。

《华北之干旱及其前因后果》一文是竺可桢区域气候学的代表作,分析了我国华北地区影响国民经济最关键的气候问题——干旱。对此,竺可桢不仅找出了原因,还提出缓解干旱的可行性措施。

……

这一篇篇论文凝聚着竺可桢对气象事业的多少痴迷和热爱！

后来，竺可桢虽然离开了气象研究所，但作为一名气象科学家，无论身在何处，无论从事什么工作，他从来没有忘记热爱的气象事业，从来没有放弃过气象学研究以及推动他不懈治学的祖国与人民。

第四章 振兴浙江大学

在学生运动风起云涌之际，竺可桢临危受命，接任浙江大学校长。上任后，他学习借鉴哈佛大学的治学精神，对浙大的师资队伍、教学管理、学系设置等进行改革，使浙大从动荡不安逐渐转入正常发展的轨道。

1. 临危受命接手浙大

就在竺可桢全心全意发展我国气象科学事业的时候，1936年2月16日早晨，他接到电话，说蒋介石有要事召见他。他满怀忐忑，不知道蒋介石为何要召见他这个小小的气象研究所所长。

原来，"九一八"事变后，浙江大学等许多学校都要求政府抗日救国，但国民党政府不顾全国人民的抗日呼声，坚持"攘外必先安内"策略，导致日军长驱直入，侵占了我国大片领土。1935年12月9日，北京爆发了著名的"一二·九"学生抗日示威游行，政府调动军警镇压爱国学生运动。第二天，浙江大学学生集会响应；第三天，杭州市的大、中学生也举行了声势浩大的示威游行。

当时浙江大学的校长是郭任远，此人学术成果很多，尤其是心理学,被称为"中国的华生"。但他配合国民党对学生实行军事管理,让军训教官和监督人员监视学生活动,处分参与游行的学生。在他任内的3年间,被开除、退学、处分的学生达100多人,辞职的教职员工达50多人。郭任远的行为遭到师生们的强烈反对。

12月20日,在郭任远的指使下,军警又拘捕了12名学生,浙江大学由此爆发了驱逐郭任远的罢课斗争。在把郭任远赶出校门的同时,学生们又向教育部请求另派校长继任。

浙江大学风起云涌的学生运动让蒋介石十分无奈,很多人向他推荐竺可桢来接任浙江大学校长。蒋介石也想利用竺可桢的声望缓和学潮,笼络人心,于是在2月16日派秘书电话约请竺可桢面谈出任浙江大学校长之事。

竺可桢本不愿意担任大学校长,因为大学校长事务繁杂,要和政府打交道,而他不善于也不喜欢侍候政府官员;更重要的是,他放不下气象研究所的工作。他从事地理、气象教学和研究已有20多年,中国气象学的开拓性研究在他的带领下已有很大进展,有些成果还领先于国际水平。在气象建设方面,比如气象广播、天气预报、高空探测等才刚刚起步,很多基本建设还亟待加强,尤其是气象人才的培养还有许多工作要做,这些都让他不忍放手。虽然他担任大学校长后还可以兼任气象研究所所长,但是人的精力毕竟有限，所以他从蒋介石的会客室离开后，一时犹疑不决，便去请示中央研究院院长蔡元培，蔡元培建议他慎重考虑后再做决定。

这时，许多亲友、学生等都劝他接任校长一职，尤其是他的夫人张侠魂深明大义，鼓励他出任校长。她说，当前的大学教育问题众多，办教育者持心不正导致风气浑浊，此时有抱负的正派人士更应该出来担任校长，用实际行动做出榜样。

经过反复考虑，竺可桢决定前往浙江大学出任校长，不过，他希望只是作为过渡，一旦学校走上正轨，政府就另请其他合适人选担任。

为避免重蹈前任覆辙，保证浙江大学的正常教学，他向当局提出了两个条件：一是政府不得干预校政，校长要有用人全权；二是政府要按时供给经费，保证学校各项事业顺利开展。在得到政府的保证后，他才走马上任。

2. 融贯中西的办学思想

1936年4月25日，竺可桢正式接任浙江大学校长的职务，这一年他46岁。从此，他开始了长达13年的浙大校长生涯。

第四章 振兴浙江大学

浙江大学创立于1897年,前身是求是书院,是中国近代效法西方学制最早创办的几所新式高等学校之一。竺可桢接任校长后,首先对浙江大学的组织机构、教师队伍、教学条件等进行了一番调查了解。他想起自己在哈佛大学学习的点点滴滴,决心借鉴哈佛大学的治学精神,对浙江大学进行改革。

4月25日下午,竺可桢召集全校学生800多人,发表了约一个小时的讲话,主要介绍他的办学方针。

首先,竺可桢谈到浙江大学的使命。他说,要办好教育事业,必须了解过去的历史和目前的环境。"我们应凭借本国的文化基础,吸收世界文化的精华,才能养成有用的专门人才。同时也必须根据本国的现势,审察世界的潮流,所养成的人才才能合乎今日的需要。"

他指出,浙江是越王勾践卧薪尝胆、雪耻复国的故地,南宋以后,浙江成为人文荟萃之地。浙江省有许多为国家做出杰出贡献的学者,比如明末清初著名思想家黄宗羲、教育家朱舜水两位先贤,不仅在学术上卓有成就,而且也是为民族利益奋斗终生的典范。他说,这二位先生留给我们的教训,一方面是为学问而努力,另一方面是为民族而奋斗。"单说这二位先贤,已足为今日民族屈辱中我们所以报国的模范。"他还强调了眼下国家情势危迫,亟须全国共同努力,发奋图强,加以改变。"今后精研科学,充实国力,大学生固然应负极重大的责任,而尤其重要的是养成一种组织和系统的精神。"他希望浙江大学学生刻苦砥砺,不负浙江省过去光辉的文化传统和今后神圣的使命。

接着,竺可桢谈了办好一所大学的要素。大学要聘请一批好教授,要有充足的图书、仪器,以及具备一定水平的校舍,其中以教授人才的充实最为紧要。他说:"教授是大学的灵魂,一个大学学风的优劣,全视教授人选为转移。假使大学里有许多教授,以研究学问为毕生事业,以教育后进为无上职责,自然会养成良好的学风,不断培养出博学笃行的学者。"在他看来,中国宋代的白鹿书院、鹅湖书院之所以出名,就是因为分别有朱熹和陆九洲在讲学,英国剑桥大学的卡文迪许实验室以汤姆逊、卢瑟福,美国哈佛大学以罗伊斯等而著名。他同时指出,"要荟萃一群好教授,不是短时期内能办到,必须相当岁月",他向学生承诺将"竭诚尽力,豁然大公,以礼增聘国内专门的学者,以充实本校的教授"。至于浙江大学的图书、仪器和校舍,都较少较差,需要增添和增建。

最后,竺可桢着重讲到学习态度,强调独立思考的重要性。他说:"我们受高等教育的人,必须有明辨是非、静观得失、缜密思虑、不肯盲从的习惯,然后在学时方不致害己累人;出而立身处世,方能不负所学。大学所施的教育,本来不是供给传授现成的知识,而重在开辟基本的途径，提示获得知识的方法，培养学生研究批判和反省的精神，以期学生有自动求知和不断研究的能力。"他还计划设立公费生，为那些家境贫寒而品学兼优的学生提供学习机会，使国家不致损失许多可用人才。

尽管竺可桢谦称自己不善言辞，但这次讲话却引起了师生们的很大反响。因为他讲的不是应景的空谈，而是长期以来形成的教育思想。他的教育思想继承融合了中国文化中书院教育的优秀传统，同时吸收了以哈佛大学为代表的西方先进科学和教育思想。

这次讲话为他在浙江大学的工作打开了局面。他所强调的应一致抗日救国、独立思考不盲从等观点，以及他谦虚、诚恳、朴实的学者风度，与前任校长唯我独尊、官气十足的作风截然不同，使浙江大学师生精神为之一振，对学校的前途充满了希望。

竺可桢的这次就职演讲，为浙江大学的改革起了良好的开端。

3. 完善学校职能

在接任校长的第一年，竺可桢按照自己的承诺——"竭诚尽力，豁然大公"，对师资队伍、教学管理、学系设置等进行重要改革,经过这次调整,浙江大学从动荡不安逐渐转到正常发展的轨道上来。

  竺可桢首先废除了浙江大学原来的军事化教育制度。他认为,"学校军事化"其实流于军国主义,既不符合我国"四海之内皆兄弟"的古训,也有悖于"英美各国大学精神在于重个人自由"的主流。他对即将出任训育部主任的蒋百谦说,前任校长郭任远在浙江大学失败的重要原因之一,就是对学生采取军事化管理,让军训教官任意胡为,学生先是敢怒不敢言,但日积月累的不满一旦爆发便不可收拾。

  在第一次校务会议上,他提出撤销郭任远搞的大权独揽的"军事管理处"等机构,另设训育委员会,在委员会下分设军训部和训育部,使军训和训育分开,都在委员会的领导下工作。对学生处分前须经训育委员会集体讨论通过,以防止军训教官、训育人员个人专断,任意处罚学生。这一主张经校务会议讨论通过。

  在竺可桢的努力下,浙江大学原来白色恐怖笼罩、学术空气凝滞的局面改变了,活跃的学术氛围逐渐恢复,教学和科研方面均有所发展。

  竺可桢深知人才对教育的重要性。到任后,他不仅留用了当时浙江大学已有的知名教授,如陈建功、苏步青、钱宝琮、朱叔麟、贝时璋、黄翼、孟宪承、郑晓沧、周厚复、李寿恒等；还请回了因不满郭任远独断专行而辞职的教授蔡邦华、吴耕民、梁希、张绍忠、何增禄、束星北等；约请老朋友、物理学家、原上海国立交通大学教授胡刚复来校任文理学院院长；又聘请原东南大学外国语系主任梅光迪任外国语系主任；聘请物理学家王淦昌、化学家王珠、遗传学家谈家桢、农学家卢守耕、机械学家周承佑、工程学家王国松、化学家钱钟韩、心理学家陈立等著名教授来校任教。浙江大学一时名家会聚，声誉日隆。

浙江大学聘请的教授大多是在各自领域有突出成就的专家，如王淦昌的中微子研究、谈家桢的遗传学研究、贝时璋的细胞重建研究、苏步青的微分几何学研究、陈建功的三角函数论研究、王国松的电工数学研究、李寿恒的中国煤炭研究、钱钟韩的工业自动化研究、黄翼的物理心理学研究、陈立的智力测试与人格测试研究等，都成就卓越，有些还是处于世界科学前沿的重大发现。

据不完全统计，这些人中后来当选为中国科学院院士的就有几十人，由此可见竺可桢在为浙江大学揽才方面是多么不遗余力。1936年下学期开学时，该校新聘的教授、讲师达30多人，大大加强了教师力量。

对于农学院院长一职，竺可桢先是聘请原东南大学的同事吴福桢担任，后又改由与竺可桢并不相熟的卢守耕担任。这是竺可桢在用人方面任人唯贤、秉公办事的具体体现。当时教育界颇有门户之见，竺可桢和蔡元培一样，不问留美、留欧、留日，也不论南方、北方，只问真才实学，在办校治学上处事公正，兼容并蓄。

马一浮是当时全国知名的国学家，曾游学美国。竺可桢很想请马一浮到校讲学，但他两次上门拜访，又多次设法托人邀请，并且答应了马一浮提出的诸多条件，如只在其家中授课等，结果最终还是没有成功。直到两年之后，浙江大学因躲避战火迁到江西泰和时，马一浮才到浙江大学讲学。

在为浙江大学尽力聘请好教授的同时，竺可桢也进行必要的教学改革。他觉得从大学一年级即分系科设置专业课程，而不教授学生中外历史、中外地理、国文等基础课，这是很不合理的。

竺可桢认为，大学教育主要在为学生开辟治学的基本途径，一年级学生应该着重打好宽厚的基础，不宜过早分系设课，并应由有学问、有经验的教师教一年级的基础课。中外历史、中外地理、国文等课程对大学生来说也是基础，应当加强。因此，他在主持第一次校务会议时就提出了这些问题，并建议筹建史地系和中国文学系。经校务会议通过后，史地系于当年成立，由张其昀主持。中国文学系虽然到1938年才正式成立，但竺可桢已在1936年先聘来了王驾吾、祝文白两位教授。

第四章 振兴浙江大学

为了加强基础课,竺可桢主持的第一次校务会议通过了他提出的建议,成立公共科目课程分配委员会,指定郑晓沧、胡刚复、李寿恒、苏步青、吴福桢五人为委员。这是竺可桢主持浙江大学后的一项重要改革,后来也一直坚持推行。

办好大学除了要有一批好教授外,还要有足够的图书、仪器和一定水平的校舍。这是竺可桢提出的任职目标之一,但要做到这两点必须有相当的经费,所以从接任校长开始,竺可桢即为争取更多经费而努力。他多次向教育部和行政院打报告,甚至直接向蒋介石反映,虽然经费略有增加,但还是差得很远。

浙江大学旁边有个军械局,竺可桢认为,如果能将军械局迁走,用这块地建新校舍最好。1936年10月15日,蒋介石到浙江大学视察,竺可桢借机反映校舍过于狭小破旧,提出请军械局迁走以增建校舍扩大校园的设想,没想到蒋介石竟然同意了。不久,行政院也同意将军械局的土地划归浙江大学。竺可桢非常高兴,这样一来不仅多了200亩土地可以扩建校舍,而且浙江大学师生从此远离火药库,不再受武器爆炸的威胁,可以放心地教学生活了。不过,军械局土地问题的实际解决远没有他想的这么简单,一直拖到抗战胜利,浙江大学迁回杭州后,军械局才移走。

4. 给浙大学子的"两个问题"

竺可桢担任浙江大学校长后,浙江大学声名鹊起,暑期招生数量骤然大增。

为践行自己的教育理念,培育更多于社会有益的人才,竺可桢经常勉励学生珍惜时间、刻苦学习,同时也注重培养学生的道德品格。

1936年9月,竺可桢在浙江大学开学典礼上,对学生发表了感人至深的讲话:

诸位同学,学校开课已一周,今天训育处召集这个会,能如家人似的在一起谈话,觉得非常愉快。

大学,是人生最快活的时期,没有直接的经济负担,没有谋生的问题。诸位在中学时,同学大都是同县或同省,可是,来大学后,有从全国各方面来的同学,可以知道全国的情形,时间长了,各人都认识。这样,各人家庭的状况,故乡的风物,都能互相知道,这亦是一种教育。大学比之中学,在经费和设备方面,都来得充实,教师的经验和学识,也远胜于中学,这供给诸位切磋学问的极好机会。

同时，国家花在诸位身上的钱，每年有1500元，而且，全中国大学生仅4万人，诸位都是这四万分之一的青年，这种机会，万万不能错过。

诸位到这里来，应该明了这里的校风。一校有一校的精神，英文称为College Spirit。至于浙大的精神，可以用"诚""勤"两字来表示。浙大的前身是求是书院和高等学堂，一脉相传，都可以"诚""勤"两字代表它的学风，学生不浮夸，做事很勤恳，在社会上的声誉亦很好。有的学校校舍很好，可是毕业生做事，初出去就希望有物质的享受，待遇低一点便不愿做，房屋陋不愿住。浙大的毕业生便无此习惯，校外的人，碰见了，总是称赞浙大的风气朴实。这种风气，希望诸位把它保持。

诸位在校，有两个问题应该自己问问：第一，到浙大来做什么？第二，将来毕业后要做什么样的人？我想诸位中间，一定没有人说为文凭而到浙大来的，或者有的同学，以为到这里来是为了求一种技术，以做谋生的工具。但是，谋生之道很多，不一定到大学来，就是讲技术，亦不一定在大学。美国大文豪罗威尔氏曾说："大学的目的，不在使学生得到面包，而在使所得到的面包味道更好。"教育不仅使学生谋得求生之道，单学一种技术，尚非教育最重要的目的。

这里我可以讲一个故事。中国古时有一个人求神仙心切,遍走名山大川。吕纯阳发慈悲,知道他诚心,想送给他一点金钱宝贝,向他说道:"我的指头能指石为金,或任何物件,你要什么我便给你什么。"可是那个人并不要金钱宝贝,而要他那根指头。这故事西洋也有的,英文所谓 Wishing ring,便是这个意思,要想什么就可得什么。世界上万事万物统有它存在的理由,朱子所谓"格物致知"就是即事而穷其理。要能即事而穷其理,最要紧的是有一个清醒的头脑。

清醒的头脑是事业成功的基础。两三年以后诸位出去,在社会上做一番事业,无论工农商学,都须有清醒的头脑。专精一门技术的人,头脑未必清楚。反之,头脑清楚,做学问办事业统行,我们国家到这步田地,完全靠头脑清醒的人才有救。凡是办一桩事或是研究一个问题,大致可分为以下三个步骤:

第一,以科学的方法来分析,使复杂的变成简单;

第二,以公正的态度来计划;

第三,以果断的决心来执行。

这三点,科学的方法,公正的态度,果断的决心,统应该在求学时代养成和学习。中国历年来工商业的不振、科学的不进步,都是由于主持者没有清醒的头脑。瘟疫流行,水旱灾荒,连年叠见,仍旧还要靠拜仙、求神、扶乩种种迷信方法。兴办事业,毫无计划,都是吃了头脑不清楚的亏。风水扶乩、算命求神等之为迷信,不但为近世科学家所诟病,即我国古代明理之君子亦早深悉而痛绝之。但到如今,大学毕业生和东西洋留学生中,受了环境的同化,而同流合污的很不少。大的企业如久大公司、永利公司和商务印书馆的成功,要算例外了。

近年来政府对社会所办的棉纱厂、面粉厂、硫酸厂、酒精厂和糖厂等,大多数是失败的。失败的原因或是由于调查的时候不用科学方法。譬如办糖厂,应事先调查在该厂附近地域产多少甘蔗,出产的糖销至何处,成本的多少,赢利的厚薄,与国外倾销竞争的状况。若事先不调查清楚,后来必致蚀本倒闭。这类事在中国司空见惯,如汉口的造纸厂、梧州的硫酸厂,真不胜枚举。还有失败的原因是用人行政重情而不重理,这就是没有公正的态度。用人不完全以人才为标准,而喜欢滥用亲戚。每个机关、公司都应该多聘专家,计划决定以后,外界无论如何攻击,都得照着计划去做,这样才能成功。

盲从的习惯,我们应该竭力避免,不能因为口号叫得响一点,或是主义新一点,就一唱百和地盲从起来。我们要静心平气地观察口号的目的、主义的背景,凭我们的裁判,扪良心来决定我们的主张。若是对的,我们应竭力奉行；若是不对的，我们应尽力排除。依违两可、明哲保身的态度，和盲从是一样要避免的。我们要做有主张有作为的人，这样就非有清醒之头脑不可。

现在，要问第二个问题，便是离开大学以后，将来做什么样的人？我们的人生观应如何？有人认为中国人的人生观很受孔孟的影响，实际影响最大的还是老子。孔孟主张见义勇为，老子主张明哲保身；孔孟主张正是非，老子主张明祸福。孟子说，"天之将降大任于斯人也，必先苦其心志，劳其筋骨"，诸葛亮"鞠躬尽瘁，死而后已"，这才不是享福哲学。老子说"祸莫大于不知足"，又曰"祸兮福所倚，福兮祸所伏"。

中国一般人的最后目的还是享福。我们羡慕人家说某人福气好，娶媳妇进门，即祝之曰"多福多寿多男子"，就是生子的最大目的，也就是想年老的时候可以享福。中国普通人意想中的天堂，是可以不劳而获的一个世界，茶来开口，饭来伸手，这种享福哲学影响于民生问题很大。

人以享福为人生最大目的，中华民族必遭灭亡，历史上罗马之亡可为殷鉴。现在的世界是竞争的世界，如果一个民族还是一味以享受为目的，不肯以服务为目的，必归失败。我们应该以享福为可耻，只有老弱残废才能享福，而以自食其力为光荣。英国国王在幼年时，必在军舰上充当小兵，唯其如此方知兵士的疾苦。全世界最富的人是石油大王洛克菲勒（Rockefeller），他的儿子做事从小伙计做起，所以他们的事业能子孙相传不替。

多年前，中日同时派学生留学欧美，中国的学生一看见各类机械，便问从何处购买，何处最便宜；而日本的学生只问如何制造。中国人只知道买，以享受为目的，而日本人则重做，以服务为目的。中国从前学工学农的人，统是只叫工人农夫去推动机器、耕耘田亩，而自己却在一边袖手旁观，这样讲究农工业是不会进步的。中国古代轻视劳力，现在已经完全改变，样样应该自己动手，这种人生观的改造是极重要的。

以上所说的两点：第一，诸位求学，应不仅在科目本身，而且要正确地训练自己的思想；第二，我们人生的目的是在能服务，而不在享受。

演讲结束后，会场上响起长久不息的掌声，许多学生起立鼓掌，神情激动。从此，浙大学子牢记竺可桢的教诲，时常用"两个问题"来提醒自己，把为社会服务、为人民服务视为自己的责任。

作为校长，竺可桢不仅要管理行政事务，还要操心学生的日常生活。当时浙江大学的学生食堂一直存在问题，竺可桢发现后，立即派沈思筠去调查处理，并定下两个原则：一是学生监督，二是收支平衡。他还会同训育主任陈相青、沈思玛，每天去食堂吃饭，了解伙食情况并对学生嘘寒问暖。他们亲自监督，亲自检查，发现问题及时解决。浙江大学的师生员工见校长与他们同甘共苦，都十分感动，愈加发自内心地敬爱这位校长。

到1937年3月，浙江大学已走上正轨，竺可桢的任期也结束了，但没有人要求他辞去校长的职务，反而都劝他留任。

第五章　浙大的艰难西迁路

全面抗日战争期间，日本侵略者在中国大地上肆虐横行。为了创造相对安定的学习环境，在两年半的时间里，竺可桢带领浙江大学的师生们走了半个中国，从浙西建德到江西泰和、广西宜山，再到贵州遵义、湄潭。在颠沛流离中，他仍努力提升浙大的教学水平，培树良好学风，培养出一批栋梁之材，由此浙江大学声誉大增，逐渐发展成为极负盛名的高等学府，享有"东方剑桥"的美誉。

1. 首迁开创导师制

　　1937年7月7日,日本侵略军发动"卢沟桥事变",激起中国人民抗战的怒潮。

　　浙江大学和全国很多大学一样,学生抗日情绪高涨,举行了很多抗日示威活动。对于这些活动,竺可桢和夫人张侠魂都积极参加并给予鼓励。竺可桢认为,抗日战争是中华民族齐心协力抵御外侮的神圣事业,凡是中国人都应当义不容辞地全力参加。只有抗战胜利了,国家、民族才有希望,个人也才有出路。如果国家沦丧,"皮之不存,毛将焉附",哪里还有个人的幸福?

　　当时学生自治会发起给前方将士捐献棉背心活动,竺可桢下令拨出两间屋子作为缝制场所,并带头捐钱作为制作费。他的夫人张侠魂多次到现场指导。后来学生会又发起捐献活动,他们夫妇虽然拮据,但依然首先捐献了他们的结婚戒指。

7月29日，天津沦陷后，日军飞机对南开大学进行了四个小时的集中轰炸，轰炸之后还把军车开进南开大学，把没有炸毁的楼房浇上汽油进行焚烧，南开大学沦为一片废墟，校内重达13 000斤的校钟被日军抬走。南开大学由此成为全面抗战爆发后第一所"罹难"的中国高等学府。

8月13日，日本军队进攻上海，中国军队奋起阻击，抗日战争自北到南全面展开。日军的飞机沿着铁路线进行疯狂空袭，杭州也不能幸免。昔日美丽的西湖胜景生灵涂炭，硝烟弥漫，百姓四处躲避，性命难保，学生的生命安全也受到了威胁。

清晨，浙江大学的学生刚刚开始上课，刺耳的空袭警报便划破校园的宁静。从早到晚，师生们提心吊胆、惶惶不宁，每天跑警报占去学生们大量的学习时间。根据竺可桢统计，"浙大9月20日上课至10月30日，六个星期中因警报而不能上课的时间，自晨至晚，平均为16%；最坏为8点至9点，占28%；次之下午2点至3点，为22%"。因为空袭频繁，不少人急于离开杭州。竺可桢经过审慎考虑，决定把浙江大学迁到一个比较僻静的地方，以躲避日军空袭，让师生们能安全地学习生活。

经过多次实地考察后，竺可桢决定把一年级新生迁到天目山禅源寺内上课，把附设的高工、高农两校搬往萧山湘湖。11月中旬,他又把二、三、四年级迁到杭州西南约120公里的建德。浙大师生员工从11月11日到13日,以三天时间分三批离开杭州,在夜间登船溯江西行,以免遭到空袭,15日全部到达,19日立即复课。这是学校长途西迁的第一站。

离开杭州之前,竺可桢走遍整个校园,教学楼、实验室、操场、图书馆,每一处都留下了他难舍的身影。想到自己亲自经营的校园昨日还是井井有条,而今却是人去园空,他不禁心痛难忍。他想到了搬迁后可能要面对的所有问题,却无论如何也没有想到,这一去就是8年。

为了使在战争中远离家乡的学生得到较好的照顾,9月新生在禅源寺开学时,竺可桢决定先在一年级试行导师制。他在禅源寺对一年级新生作了讲演,说明导师制的目的。他说:

西天目山参天夹道的柳杉,是中国各地所少见。在这种心旷神怡的环境之下,我们应该能够树立一种优良的学术空气。中国向来的高等教育,除了太学和国子监以外,就要算书院。有宋一代,书院之制,更是盛行一时,如白鹿、岳麓、应天、石鼓、东林,其尤著者。书院制的特点,就在熏陶学生品格。我们只要看朱晦庵、陆九渊或是王阳明的遗书,就可以知道当时师生中切磋砥砺的状况。

第五章 浙大的艰难西迁路

自从我国创设学校以来已逾30年。这30年当中,在设备和师资方面不能不算有进步,但是有个最大缺点,就是学校没有顾到学生品格的修养。其上焉者,教师传授他们的学问即算了事;下焉者,则以授课为营业。在这种制度下,决不能形成优良的教育。所以近年来教育部又有"训教合一"的主张,这话虽然说来已有两三年,但是能实行"训教合一"或是导师制的还没有。他的原因,是学生与教员很难有接触的机会。

天目山是个小地方,诸位老师和同学统在一处,导师制的实行,就没有十分的困难。以我个人所晓得实行导师制的,浙江大学要算第一个。至于导师制的结果如何,全看诸位教授的指导和学力的程度。依据目前的推想,应该可以得到很好的结果。即如在这很短时期中,据各方的报告,都说天目山浙大的精神特别好,学生非常用功。师生融融一堂,通力合作。这是一桩可喜的事情。

但是有人可以会问为什么我们要行导师制?所谓熏陶人格,这句话还是空的。对于这个问题,我可以简单回答,我们行导师制,是为了让每个大学生明确他们的责任。……诸位在大学一年所花的不过二三百元,而国家为诸位所花的,每年却要到一千五六百元,所以国家所花的钱,比诸位自己所花的要多到七八倍。国家为什么要花费这么多钱来培植大学生?为的是希望诸位将来能做社会上各行业的领袖。在这困难严重的时候,我们更希望有百折不挠、坚强刚果的大学生，来领导民众，做社会的砥柱。所以诸君到大学里来，万勿存心只要懂一点专门技术，以为日后谋生的地步，就算满足。

这次演讲说明导师制的目的在于熏陶培养学生的品格，进而培养"社会上各行业的领袖"。按照竺可桢的想法，大学的目标就培养这类人才。

导师制，即教师除担任专业授课外，还负责指导学生的思想。导师制在教师和学生之间建立起一种"导学"关系，使师生关系密切。导师和学生经常接触，包括个别谈话、集体座谈、共餐和出外郊游等，使师生之间相互了解、促进感情交融，更重要的是使学生有较多机会从近处体验导师为人做学问的态度和方法，潜移默化地受到更多更深的教育。

浙江大学的导师制对当时学校的训育制度是一项重要的改革。浙江大学开始只在一年级实行导师制，后来扩大到全校各年级，再后来又改为学生自选导师。

竺可桢首开中国大学导师制的先河，而且是在战乱流离迁移校址的情况下创立，这是多么难能可贵！这一开拓性的创举，正表现出他对学生的关心爱护及作为教育家的远见卓识。

2. 再迁修建浙大堤

1937年11月，当浙江大学的师生1000多人将所有能带走的图书、仪器装箱，举校搬迁到距杭州120公里的建德时，战局开始发生急剧的变化。

11月5日，日本军队在杭州湾的金山卫登陆，策应上海驻军迂回包围上海。

11月9日，上海陷落。

这时，日军已占领东北大部，渐渐向华北、华南逼近，各级政府纷纷往相对安全的地方迁移，老百姓四处逃难。南京的中央政府迁到重庆，浙江省政府也迁到了浙南。

11月26日，浙江省教育厅宣布省立学校疏散，浙江大学附设的浙江省立杭州高级工业职业学校（简称高工）和浙江省立杭州高级农业职业学校（简称高农）由此丧失了经费来源，竺可桢只得忍痛遣散这两部分师生。后来，浙江大学再也没有附设高工和高农。

与此同时，竺可桢不得不考虑再次迁校，而且要迁得更远一些。像天目山、建德这些地方，用来躲避空袭是可以的，但要想在敌人推进时不被占领，显然不可能。不过，要像中央大学那样由南京直接迁到重庆,对浙江大学来说也不可能,因为没有那么多的经费。教育部来电指示浙江大学迁往浙南或赣南。竺可桢认为浙南地方偏僻,距离国民政府太远,迁浙南不妥。

这时,竺可桢听说江西泰和有办大学的条件,便亲自前去察看。泰和位于江西省中部偏南,赣江环绕四周。经过实地考察,竺可桢发现那里的上田村有许多闲置的房屋,只要稍加修葺就可以居住,而且建德到泰和的搬迁距离也是浙江大学的经济能力所能负担的。当地政府听说浙江大学的学生要前来避战并暂住此地,不仅一口应承下来,而且不要房租。于是,竺可桢决定以江西泰和为第二次迁校的地址。当时泰和的房子还没准备妥当,而吉安中学与乡村师范学校正好在放假,房子空着,竺可桢就临时借用作为浙江大学短时落脚的地方。

12月24日,杭州沦陷,浙江大学千余名流亡师生和家属在建德县城休整补课39天后,又在竺可桢的带领下,沿富春江北上,开始了第二次700多公里的冒险大迁徙。师生和家属分水陆三批,以步行、汽车、驴车和木舟等各种交通方式向集合地,即铁路枢纽江西玉山行进。学校在沿途的兰溪、金华、常山和南昌等地设立了接待站,竺可桢则坐镇玉山指挥。

此时浙江各地因战争混乱不堪,客车已停运好几天,

第五章 浙大的艰难西迁路

铁路车皮全用于军运。由于船难雇,汽车难找,一路上困难重重。为了解决这些问题,竺可桢天天奔波于有关单位,商调事宜,直到人员和物资的运输有了着落后,他才放下心来。他为浙大师生奋不顾身、日夜操劳的举动,又一次深深地感动了浙大师生,他们对他产生了更加深厚的爱戴之情。

1938年1月20日,"浙江大学远征军团"历经千辛万苦,终于抵达江西省的临时办学点吉安。迁到吉安几天后,学校就复课了,师生紧锣密鼓地补齐了从1937年秋季以来落下的课程,并举行期末考试。

对竺可桢个人来说,在吉安还发生了一件大事,他不到18岁的长子竺津执意报考军校,抗战卫国。竺可桢不忍年幼的儿子弃学从戎,但正如他在日记中写的:"余亦不能不任希文(即竺津)去,但不禁泪满眶矣。"

1938年2月,吉安中学与乡村师范学校的寒假结束了,泰和的房舍也已准备就绪,在吉安过完春节的浙大师生开始收拾行李,南行40公里,迁往泰和乡间。

在这里,浙江大学的各项事业又逐步走上正轨。当时教育部还嘉奖了浙江大学,因为其巡察后发现浙江大学是所有迁移的大学中,教学秩序和教学质量保持得最好的一所学校。

浙江大学的临时驻地上田村毗邻赣江,赣江多发水灾,当地的防洪堤早已破损，周边老百姓中流传着"三年不遭水灾，母鸡也戴金耳环"的说法。为此，竺可桢与当地政府协商，由浙江大学免费提供设计、施工方面的技术指导，地方准备资金，修筑防洪堤。在当地群众和浙大师生的共同努力下，仅仅两个月时间，上田村的赣江沿岸就建起了一条长7.5公里的防洪堤。上田村的村民对浙大师生为民服务的行为赞不绝口，直到今日，这条防洪堤还发挥着作用，当地人称之为"浙大堤"。

在泰和的半年期间，竺可桢不仅带领浙大师生为当地人民兴修水利，还兴办了沙村垦殖场和澄江学校。

当时泰和有不少荒地，有些从江苏、浙江逃难来的流民缺乏谋生手段。为解决这两个问题，竺可桢提出办垦殖场，得到了江西省政府的支持，遂在沙村一带选了600亩土地兴办垦殖场，招收难民来垦荒、种植和养殖。在兴办垦殖场的同时，竺可桢发现吉安、泰和一带农村衰败萧条，为使当地能维持基本的生产、生活，他专门指派在垦殖场工作的两名助教进行农村调查。

竺可桢又看到当地小学师资缺乏、设备不良，便建议浙江大学和地方合办一所学校，命名为澄江学校。

1938年7月初，当浙江大学在江西泰和的教学、科研工作有条不紊地进行时，战火又烧到了江西北部。竺可桢不得不准备再次迁校。

关于迁校问题，竺可桢征询过教育部的意见，本定为迁往贵州，但因路途遥远，交通不便，加上学校经费不足，他考虑再三，决定迁往广西宜山（今广西河池市宜州区）。当时有不少单位都迁到了宜山。打定主意后，竺可桢又开始结合战况研究地图，并马上动身去寻找新的校址。这次，他从湖南到广西，历尽艰辛，辗转奔波近一个月。

3. 流离中丧妻失子

1938年7月23日，一封发自江西泰和的电报送到了远在桂林的竺可桢手中。此时，迁到泰和办学五个月的浙江大学已获教育部批准，迁往广西。竺可桢和理学院院长胡刚复一起，正准备前往宜山实地考察。

竺可桢从电报中得知妻子张侠魂患痢疾未愈，催他速回。他原以为是自己离校日久，学校借故叫他回去，完全没想到妻子已病危。

第二天上午，竺可桢告别胡刚复，从衡阳、茶陵、吉安辗转近800公里，于7月25日傍晚赶回泰和。

竺可桢坐车刚来到上田村的赣江"浙大堤"，远远便看见沉沉的暮霭中有两个小小的身影在向自己跑来。原来，自从妈妈病重后，女儿竺梅、竺安每天都在这里等候父亲归来。

竺可桢连忙下车迎上前去询问等候多时的孩子们："妈妈的病怎么样了？竺衡呢，怎么没见他？"女儿竺梅回答："妈妈的病轻了点，竺衡没了。"竺可桢听了不禁大吃一惊，感觉就像在梦中一样。在归途中，他遇到了前来迎接他的学校秘书章诚忘，明明说的是妻儿病已稍好，离开时还活蹦乱跳的竺衡，怎么说没就没了呢！

原来，当地医疗条件相当落后，竺衡患痢疾后得不到及时救治，在一个星期前便去世了。竺衡性情温和、聪慧好学，不仅性格很像竺可桢，连长相也酷似父亲。这一年他才14岁。

竺可桢悲痛欲绝，一阵剧烈的眩晕使他几乎站立不住，他多么希望自己是做了一个噩梦。此时此刻，他想到多年前自己也未能见母亲最后一面，现在连儿子的最后一面也没见到。他恨自己为什么没有及时赶回来，恨自己不是个称职的父亲。

他和孩子们匆忙赶回家中，看到妻子张侠魂卧病在床，不能起身，心中又是一阵绞痛。看着妻子消瘦蜡黄的脸色，他不忍也不敢告诉她衡儿去世的消息。张侠魂已经患了半个月痢疾，身体十分虚弱。她见到竺可桢后，泪流满面，半天说不出一句话来。过了很久，她才缓缓说了一句："你再回来得晚些，恐怕我们就见不着了。"竺可桢和在场其他人无不落泪。

之后几天,竺可桢暂时放下手头的工作,顶着巨大的悲伤和焦虑,四处寻医问药,日夜守候在妻子身边。可惜,一切都太晚了,在他回来的第四天,张侠魂的病由痢疾、肺炎并发褥疮转为败血症。她的呼吸越来越急促,心率达每分钟140次,身上的褥疮溃破,脸上起了水泡,眼睛都睁不开了。她流着泪,轻轻握住竺可桢的手,似乎还有万语千言没有向自己的丈夫吐露。竺可桢感受到她越来越弱的脉搏,连连轻声呼唤她的名字,但她很快就昏迷不醒了。

1938年8月3日上午,张侠魂永远停止了呼吸,离开了竺可桢和可爱的孩子们。此时,长子竺津在军校上学,战争期间军校学生不能随便离开学校,所以母亲去世他未能回家。

短短半个月,竺可桢失妻丧子,遭受双重打击,但他告诉自己,不能倒下去,还有孩子需要他照顾,浙大师生也在等着他。他强忍内心的悲痛,为妻子检点入殓的衣服。在柜子里,他看到妻子一个月前写的文章,那是为纪念"卢沟桥事变"一周年而写的。多么熟悉的笔迹,多么动人的文字!他情不自禁地流下眼泪,始终不愿相信这个噩讯。

他到处为妻子找坟地,路过华阳书院,他想起自己不久前还和妻子在这里漫步,如今却阴阳相隔、物是人非!

多年来，张侠魂最喜欢的就是常年佩戴的那块手表和那支自来水笔，在入殓时，他把它们放入棺中，那是他在美国波士顿为妻子买的礼物。

8月10日，在江西泰和上田村的萧氏宗祠内，浙大师生为张侠魂举行了追悼会，由浙江大学教务长郑晓沧教授主祭、致悼词。

张侠魂是湖南湘乡人，毕业于上海女校。在姐姐张默君的介绍下，与留美归国的竺可桢相识相爱，并结为连理。竺可桢临危受命，出任浙江大学校长，重建浙大，背后离不开张侠魂的鼓励与支持。抗战爆发后，竺可桢顶着各种压力，率领师生一路西迁，张侠魂和四个孩子随着竺可桢一起流亡。在西迁过程中，作为校长夫人，张侠魂可以说是大家的良师益友，经常发动女学生和家属在后方支援抗战，不管谁有困难，她总是想办法帮助解决。可以说，她是竺可桢工作生活中紧密相依的"贤内助"。"七七"事变一周年时，她还专门写了一篇纪念文章登在当地报纸上。如今再看这篇文章，她的语气、神态宛在眼前，而斯人已逝，谁能不心伤呢？

参加追悼会的师生们看到他们敬重的校长竺可桢悲痛憔悴的面容，都深感悲痛，全场呜咽。

料理完丧事后，竺可桢安顿好家人后便又开始为学校西迁而奔走。

第五章 浙大的艰难西迁路

1938年8月中旬,浙江大学浩浩荡荡的迁移队伍又出发了。由于路途遥远,物资、人员众多,不得不分批进行。学校的图书、仪器及大件行李走水路沿赣江而上,师生员工及随身行李则经衡阳走陆路。

临出发前,竺可桢带着孩子们来到张侠魂的墓前,让他们和母亲告别。他和孩子们静静地伫立在墓前,神情凄怆,久久不愿离去。孩子们用松柏和野花编扎了小花圈献给母亲,夕阳下,他们的身影被拉得很长很长……

想到十几年与妻子同甘共苦的生活,竺可桢在日记里写下了一首诗:

生别可哀死更哀,何堪凤去只留台。
西风萧瑟湘江渡,昔日双飞今独来。
结发相从二十年,澄江话别意缠绵。
岂知一病竟难起,客舍梦回又泫然。

从中可以看出竺可桢对妻子用情之深。此后每年8月3日,竺可桢都会设家祭纪念张侠魂,十几年后依然如此。

4. 三迁立"求是"校训

从1938年8月13日到10月底，浙大师生经过两个多月的长途跋涉，行程约1100公里，终于安全抵达宜山。

由于竺可桢指挥得法，师生员工密切合作，绝大部分仪器设备、图书、行李未有损失，连物理系玻璃器皿都未损毁和丢失一件，这在抗战西迁的高校中是极为少见的。

宜山在广西中部偏北，当时，尽管武汉已经沦陷，但是千里之外的宜山，除了偶尔响起防空警报之外，还算是一个安全的地方。这一学年，浙江大学共招生471人，占全国大学录取新生总数的12%，生源大部分来自浙大西迁时经过的省份。

"流亡"了一年多的浙江大学总算有了一个栖息之地。然而，广西宜山虽然风景秀丽、民风淳朴，却"宜山宜水不宜人"。滇桂之地自古被称为"瘴疠之乡"，浙江大学的教师、家属和学生搬迁到这里后，由于不适应这里的气候，很多人感染了疟疾。自1938年10月中旬起，随后的两个月中，浙大师生患疟疾的人数从10多人增加到146人，到1939年1月又增加了200多人，几乎每家都有病人。

就在这时，刚从湖北战区撤下来的10多万抗战伤兵中,有2万多人被疏散到广西宜山一带。随后,广州沦陷也迫使广州黄埔军官学校向桂北搬迁,黄埔军校第四分校奉命搬迁到宜山,宜山一时人口激增,燃料、房屋、食品,尤其是药品的供应骤然紧张。

当时治疗疟疾的特效药是帕马喹和米帕林,浙大师生离开杭州时带的这两种药早已用完,而离宜山最近的柳州和桂林都买不到医治疟疾的药。疾病在蔓延,却无药可治,师生们陷入前所未有的惶恐之中。竺可桢紧急派人到柳州、桂林买药,无功而返后他又派人冒着炮火,远赴已经沦陷的杭州、广州购买。

除了疟疾的困扰外,宜山的其他条件也非常简陋,破旧的大草棚被师生用为教室、礼堂、宿舍。到了晚上,只有小燃煤灯照明。

尽管条件艰苦,11月1日,浙江大学依然在宜山的晚清旧军营里正式复课。面对困厄的环境和疾病的折磨,竺可桢在开学典礼上作了演讲《王阳明与大学生的典范》,并提出校训——"求是"。

他在演讲中简述了明代大儒王阳明的生平,说王阳明不但是浙江省的先贤,而且他一生的事业和江西、广西都有很重要的关系。浙江大学先后作为校址的吉安、宜山,他都曾经停留和讲学,可以说浙江大学正走着王阳明先生当年走过的路。

他详细介绍了王阳明的学说,并把这个学说综合概括为三大要点,即"心即理""知行合一"和"致良知",突出阐述了王阳明的"求是"精神。他说,王阳明先生正是以艰苦卓绝、不屈不挠的精神,一生中顺利地跨越逆境,化险为夷,成就了大功业、大学问。这种顽强克服困难的精神和屡蒙诬陷而始终矢志不渝的报国之心,是浙大师生学习的榜样。竺可桢的演讲,不时被阵阵掌声打断,激励了当时在困境中的全体师生。

竺可桢在日记中这样写道:"决定校训为'求是'两字,'求是'来源于王阳明的文字'君子之学,岂有心于同异,惟求其是而已'。""求是"译作英文是 faith of truth,与哈佛大学的校训"真理"(Veritas)异曲同工。

1939年2月4日,竺可桢对一年级新生作《求是精神与牺牲精神》的演讲,进一步阐明了"求是"精神。他说:

浙大前身最早是求是书院,现在校务会已确定以"求是"为校训。什么是"求是"?就是"排万难冒百死以求真知"。在欧美科学史上有布鲁诺、伽利略、开普勒、牛顿、达尔文、赫胥黎等人的作为。现在欧美显得先进,其实迄16世纪,欧美文明还远不如中国。由于有这些先贤的求是之心,他们凭自己的良心,"甘冒不韪"。有的虽因求真知被烧死、被囚禁、被诟骂,或穷困潦倒一生,但仍不变初衷,终使真理得以大明,然后科学才能进步,工业才能发达。在中国也有不少具有求是精神的先贤。孙中山先生是一位，葬在杭州西湖边上的张苍水也是一位。后者抗清失败，被清廷抓住以后，有人去劝降。他说："盖有舍生以取义，未闻求生以害仁。"又说："义所当死，死贤于生。"

在一阵热烈的掌声过后，他又接着说：

国家培养一个大学生不容易，在目前抗战的时候，国家财政困难，就更不容易了。之所以还要培养大家，是希望大家学成之后能在各界服务，做各界的领袖分子，把中国建设成为强国，使日本或别的国家不敢再侵略我们。要做将来的领袖，光学一点专门知识是不够的，还必须有清醒而富有理智的头脑、明辨是非而不徇私情的气概、深见远虑而不肯盲从的习惯，还要有强健的体格和有牺牲自己、努力为公的献身精神。中国要强盛，只有靠中国人自己的力量，别人是靠不住的。培养这种力量，就是大家到浙江大学来的使命。希望大家对此有所了解，好自为之。

在竺可桢的倡导下，浙江大学正式定校训为"求是"。随后，竺可桢还请国学大师马一浮围绕"求是"校训，创作浙江大学校歌，以激励困境中的师生。

竺可桢立"求是"为浙江大学的校训，而他本人的一言一行，就是"求是"精神的最好体现。"求是"精神使他无论在多么艰难困苦的情况下，仍为自己所选择的科学教育事业呕心沥血、倾尽全力。

在这期间，竺可桢积极支持学生的抗日爱国活动，为抗日捐款捐物。

一天，学生会的女干事王爱云来见竺可桢，对他说："竺校长，前些天送走战地服务团的同学后，我们就商量着为前方的将士们再做点什么。同学们想星期天在文庙搞一次义卖活动，义卖所得的款项全部捐给抗日前线。您看行吗？"

竺可桢深为学生的爱国热情感动，他微笑着点头说："这个想法很好。抗战无小事，前方的将士在流血，我们后方的人当然应该做些力所能及的事情，有钱出钱，有力出力。"

送走王爱云后，他找出自己珍藏的亡妻的一些物品：汕头的绣花台布，精美的闽漆花瓶，珠绣手袋，一串项链……这些都是张侠魂生前喜爱的饰物，他挑拣了几件物品，交给了学生会。这样做不仅是他自己的心愿，而且他相信张侠魂若九泉之下有知，也会感到欣慰的。

在宜山安定下来后，竺可桢鼓励学生多和当地人民群众交流联系，尽力做一些有利于老百姓的事情。他亲自检查、指导学生在课余时间开辟"第二课堂"。学生自治会根据当地实情在宜山开办了识字班、常识班，教当地老百姓学习基本的文化和科学知识。

在竺可桢的领导下,尽管处境非常艰难、时局也动荡不安,但浙江大学仍培养出一批栋梁之材。

5. 四迁办"东方剑桥"

竺可桢本想在宜山安定下来后,潜心办学,没想到日本侵略者又开始进攻华南地区。

1939年11月15日,日军在广西北海龙门登陆,很快占领了防城、钦州和南宁,日益逼近宜山。战局的突变再次使浙大师生人心惶惶,迫于形势,为了保证师生们的安全,竺可桢又一次决定迁校。

1939年最后的日子,战情紧急,到处都是逃难的人群。浙江大学的搬迁费用已严重不足,政府也不给予帮助。竺可桢离开宜山到贵阳,与当时的贵州省主席吴鼎昌商议,准备把浙大迁到云南的建水或贵州的安顺,在此恰遇在贵阳做事的陈世贤、宋麟生两人,他们力劝竺可桢将学校迁往湄潭(今贵州遵义市湄潭区)。竺可桢听了两人介绍后,遂到湄潭考察。时任湄潭县县长严溥泉在江苏任过职,听说竺可桢来湄潭很高兴,召集各界人士对竺可桢表示热烈欢迎,并表示要把最好的房舍留给浙大。竺可桢综合考察湄潭情况后,决定将浙大迁到湄潭。

湄潭县在遵义以东50多公里。1940年1月16日，竺可桢和浙大师生抵达遵义，受到全城士绅的欢迎。因遵义到湄潭的公路还有部分路面和桥梁未修好，浙大师生只好在遵义临时安排的房舍内复课。6月，浙大农学院陆续迁到湄潭。9月22日，竺可桢和胡刚复、费巩教授来湄潭察看学校房舍，次日又前往永兴察看，之后决定将滞留在贵阳青岩的大学一年级学生迁到湄潭城北20公里的永兴，理学院及师范学院理科迁到湄潭县城。至此，浙江大学结束了两年半颠沛流离的西迁之路。

艰苦的战争环境，长期颠沛流离的生活，锻炼了浙大师生顽强的抗争精神。在两年半的时间里，浙江大学四易校址，横穿浙江、江西、广东、湖南、广西、贵州六省，行程2600余公里，一迁浙西建德，二迁江西泰和，三迁广西宜山，最终迁到贵州遵义、湄潭，并在这里办学6年。

浙江大学在西迁期间还做了一件意义重大的事情，那就是协助浙江省搬运杭州孤山文澜阁的《四库全书》。

众所周知，《四库全书》是清朝乾隆年间编撰的一部大型丛书，保存了我国丰富的历史文献资料，是十分珍贵的文化遗产。该书共收录古籍3460多种，共79 300多卷。《四库全书》抄了七部，分别藏在故宫文渊、圆明园文源、承德避暑山庄文津、镇江金山寺文宗、扬州文汇、沈阳文溯、杭州文澜七个书阁中。文汇阁、文宗阁已毁于战火，文源阁也被英法联军焚毁。剩余的四部中，文津、文溯的两部在抗战开始后落入敌手；北京故宫文渊阁的一部已迁往四川；杭州文澜阁的一部36 000余册，在"八一三"淞沪抗战前，由浙江图书馆装成140箱运到富阳乡下存放。后日军进逼，省图书馆想把它运至建德，但受限于经费无法成行，竺可桢知道后马上派校车帮忙运到建德。后来省图书馆又把它运到龙泉乡下。浙江大学迁到江西后，竺可桢为《四库全书》的安全担心，认为龙泉也不安全，特地致电教育部，指出《四库全书》应及早迁到内地，并表示浙江大学愿意派人协助。教育部复电同意，准备将书送到贵阳，要求浙江大学协助迁运。竺可桢立即指派一名教师回到浙江，与有关部门商议，几经周折，终于会同浙江图书馆将《四库全书》起运出省，之后途经五省，行程2500余公里，将其安全运抵贵阳附近的地母洞存放。浙江大学迁到贵州后，竺可桢多次到地母洞了解情况，并对保管工作中的问题提出改进意见。日本投降后，这部《四库全书》又随校运回杭州，至今仍保存完好。

浙大迁到遵义、湄潭后，竺可桢充分利用相对安定的环境，大力提升学校的教学科研水平。

经过多年努力，浙江大学会聚了一大批国内一流的教授。理学院有胡刚复、苏步青、陈建功、钱宝琮、贝时璋、谈家桢、王淦昌等，文学院和师范学院有梅光迪、郑晓沧、钱穆、叶良辅、涂长望、费巩、夏永焘、丰子恺等。为了请到这些教授，竺可桢克服了种种困难。比如著名植物生理学家罗宗洛,提出要带四个助手一起过来,当时浙江大学的经费很紧张,但竺可桢还是满足了他的要求。

从1940年开始,国统区的物价日益上涨,物资供应日渐匮乏。到1941年,每斗米要50元钱,而在1940年,每斗米仅需6元钱。物价上涨,人民生活越来越艰难,浙江大学的教授们也不例外。著名教授苏步青因子女多,口粮不够,只能以甘薯充饥;他的孩子考取了中学,连住校所需的被褥都拿不出来。著名数学家陈建功也因家人生病借款,无力偿还,只好把自己珍藏的《高斯全集》20余本折价卖给学校,用以还款。

对于这些情况,竺可桢看在眼里,记在心上。他在日记中记下了这些教授的家庭状况,并尽己所能去帮助他们。

竺可桢的民主作风及其对教职工的尊重,使浙江大学的教师们都很尊重他。在那样动乱贫乏的年代,有这样一位好校长,师生们都深知其中的不易。因此,尽管生活艰难,但竺可桢争取而来的相对安宁的环境使他们仍能安心于教学、科研,使浙江大学保持着浓厚的学术氛围。文、理、工、农、医、法及师范七个学院,人才济济,研究机构遍布每个学科。

1944年,英国著名生物化学家、科学史家李约瑟一行,到中国参加中国科学社年会,并在浙江大学作了演讲《战时与平时之国际科学合作》。李约瑟还参观了浙江大学的"校园",了解生物系、数学系、物理系、农化系和史地系的科研成果，惊叹浙江大学在如此简陋的条件下居然能取得这么多科研成果，培养这么多人才，他被浙大师生不惧战乱，克服重重困难，坚持科学研究的精神深深感动了。回到英国后，李约瑟在伦敦演讲，大力赞扬中国科学家在极其艰苦的环境下坚持工作的精神。在《自然》杂志上，他撰文写道：在重庆与贵阳之间一个叫遵义的小城市里，可以找到浙江大学，这是中国最好的四所大学之一。在这里，可以看到科学研究活动的繁忙紧张的情景。他在文中称浙江大学是"东方剑桥"。由此，浙江大学开始名扬海外。

在湄潭，浙江大学的教室大多是借用庙宇、祠堂，房屋大部分较为简陋。学校无教职工宿舍，教职工皆租民房分散居住，有的还自己开荒种菜。就是在这样艰苦的条件下，浙江大学完成了一次出人意料的腾飞。

据不完全统计，在遵义、湄潭的6年，浙江大学师生在国内外发表的论文数量超过了当时所有的中国大学。英国《自然》周刊、美国《物理评论》经常收到来自"中国湄潭"的论文。

历年在浙江大学任教的教师及就读的学生，在新中国成立后，有71人成为中国科学院学部委员（后改称院士），后来被评为中国科学院院士和中国工程院院士的有51人。

在竺可桢担任校长的13年中，浙江大学从原来文理、工、农3个学院16个系，发展为文、理、工、农、师范、法、医7个学院25个系（最多时达30个系），10个研究所，教授也由原先的70余名增加到200余名。所有丰硕的成果，得之于浙江大学师生的坚韧不拔与其对"求是"校训的扎实践行。

第六章 黎明前的黑暗

"险夷原不滞胸中,何异浮云过太空。夜静海涛三万里,月明飞锡下天风。"这是明朝思想家王阳明的一首诗,用它来形容竺可桢在光明与黑暗激烈搏斗中所表现出的"沉毅的大勇",可以说再贴切不过了。

1. 一场政治风波

竺可桢原本是个不问政治的科学家和教育家,他认为科学可以救国,大学教育应超脱于党派斗争之外。可严酷的现实使他日益清醒,科学家的理性和良知召唤他站到了民主斗争的前沿。

1940年3月,雾都重庆阴雨连绵;偶有不下雨的日子,也是雾蒙蒙的一片,空气潮湿得仿佛浸水的海绵。这段时间值得一提的喜事是,竺可桢在重庆与相识一年多的陈汲女士结了婚。

陈汲毕业于北京女子高等师范学校英语系,在中央研究院图书馆工作。著名文学家、武汉大学教授陈源是她的哥哥。良好的家庭和教育背景,使陈汲具有出众的气质和学识。婚后,竺可桢偕夫人回到当时浙江大学所在地遵义。让他始料未及的是,一场政治风波正在等待着他。

第六章 黎明前的黑暗

当时在浙江大学,与国民党关系较深的训导长姜琦上任后,因发展三民主义青年团团员引起了学生们的不满。学生会制作壁报对他的做法进行指责,他得知后派训导处的人把壁报撕掉,学生会代表为此到训导处抗议,双方闹得不可开交。

为了迅速平息事端,竺可桢对训导处的人员进行劝解,也批评了学生会的一些做法。早年艰难求学的经历使竺可桢向来不随便开除学生。但是,姜琦却坚持要开除学生,竺可桢最终不得不给两个学生记过处分,想就此了结这件事。但姜琦和学生的对立并未就此缓解。

没过多久,竺可桢接到了教育部发来的密件。密件上说,浙江大学有共产党的学生组织,如黑白文艺社、铁犁剧团等,并列举了这些社团组织负责人的姓名,要求校方取缔、约束。接着,竺可桢又收到了贵州省主席转来的内容相同的密件。

竺可桢历来主张高校内思想自由,认为即使这些学生是共产党人,只要他们不违法、不犯校规校纪,校方就不应当干涉他们。只有这样,学生的思想才能活跃,校园文化才更多元,学校才能拥有良好的学术气氛和宽松的政治气氛。

但是,姜琦坚持认为学生不能有思想自由,训导处的职责就是监视和管束学生。不仅学生因此反对他,连竺可桢对他的做法也很不满,他见势便假意提出辞职,想以此要挟竺可桢让步。出乎他意料的是，竺可桢真的同意他辞职了！

姜琦辞职离任后，竺可桢顶着当局的压力，聘请曾经留学英国的政治经济学教授费巩出任训导长。费巩不是国民党员，为人正派，爱护学生。竺可桢希望在他主理训导处期间使校方和学生真正融洽起来。

在竺可桢的诚挚邀请下，费巩同意担任半年训导长，条件是不加入国民党，也不支取训导长的兼薪。他对学生们说："有人称训导长为学校的警察局长，但我决不做警察局长或侦探长。我认为训导长不过是教授和导师职务的扩充。我愿意做你们的顾问，做你们的保姆，以全体同学的幸福为己任。"这番"就职演说"深得全校师生之心。

费巩是个古道热肠的人，他关心学生，自己出钱置备了一批凳子，让学生们在饭厅里可以坐着吃饭；他想方设法改善食堂的伙食，为教室安亮瓦、糊窗户、做书架；他还亲自设计改制桐油灯，供学生晚自习时使用……他的种种做法，无不是出于对学生的爱护，使他赢得学生们的爱戴。

费巩性格刚直，常常抨击国民党的腐败无能。他支持学生开办"生活壁报"，鼓励学生畅所欲言，与学生建立起深厚的情谊。

对于费巩的所作所为，校内的国民党、"三青团"组织非常仇视。他们把他的言行列成一条条罪状，通过各种渠道密报给重庆当局,将他列入黑名单。

一天清晨,费巩在重庆千厮门码头准备前往北碚的复旦大学讲课时,突然神秘"失踪"!消息传到遵义后,竺可桢万分焦急,四处打听费巩的下落。根据当时国民党压制民主的政治形势,竺可桢分析费巩很可能被特务抓捕或暗杀。为此,他不顾个人安危,奔走呼号,在报纸上发表文章,和浙江大学的教授们联名上书教育部和蒋介石,要求维护人权,主持正义,尽快释放费巩教授。

费巩失踪案很快传遍了整个中国,引发轩然大波,大家都不相信一个活生生的大学教授竟会这样突然间消失。

当时国民党政府一直宣传以民主、宪政立国,费巩失踪案成了对国民党政府的一大讽刺。这一事件也使竺可桢进一步认清了国民党政府反人民、反民主的本质。直到新中国成立后,人们才从缴获的国民党特务档案中得知真相:费巩因为在重庆文化界宣言上签名,要求废止国民党一党专政,被国民党特务秘密绑架,杀害于歌乐山集中营。

为了纪念这位民主战士,竺可桢同意学生会把"生活壁报"改名为"费巩壁报"的提议。从此以后,"费巩壁报"成为浙江大学一个重要的维护高校独立自由精神与言论的宣传阵地。

2. 保护爱国学生

1942年2月27日，日军攻陷香港。香港沦陷前，许多著名爱国人士滞留香港，无法脱离险境。这时，重庆的《大公报》披露了一则消息：行政院院长孔祥熙派专机到香港把妻子宋霭龄、女儿孔二小姐，以及大批的行李和四条洋狗接到了重庆。

一石激起千重浪，人民压抑已久的愤怒被瞬时点燃。

远在昆明的西南联合大学学生举行了游行活动。此时，竺可桢接到教育部的电报，要求他学校阻止学生上街，因为当时浙江大学的学生也决定游行示威。

第二天清晨，遵义街头布满了军警。竺可桢深知形势的严峻，他不愿意看到流血冲突事件发生。考虑到学生们的安全，他召集各学院的院长来到学生集会地点，力图劝阻群情激愤的学生。

面对那一张张年轻而又愤怒的脸庞，竺可桢强压着自己想和学生们一起出去游行的冲动，言辞恳切地说："同学们，我们都知道孔祥熙做的事情是不得人心的，可是，你们出去游行太危险。街上的军警早已荷枪实弹，弄得不好就会流血。"

第六章 黎明前的黑暗

他停顿了一下，又诚恳地说："你们在学校里可以集会，可以演说，可以出壁报，也可以发电抗议。这些方式都可以表达你们的愤怒。为了你们的安全，还是不要上街为好。"

学生代表说："竺校长，现在是什么社会？老百姓连起码的人权都没有。四条洋狗可以坐飞机，而为国战斗的知名爱国人士却没有这个资格。竺校长，您也是有声望的爱国人士，对香港的那些同人，您难道不寄予同情吗？"

竺可桢语重心长地说："我同情他们，也支持你们，可我还是希望你们不要离开校园。"

竺可桢肩负的重担，使他满腔的愤怒无法痛快地发泄出来，他不能像学生们那样呐喊。这些犹如他自己孩子的学生一旦走出校门，天知道会发生什么事情！

学生们仍七嘴八舌地反对道："把我们关在学校里有什么用？我们要向人民大众宣传，揭露政府当局的消极抗战、贪污腐败！我们要唤起民众！"

学生们一次次地恳求竺可桢让他们出去。他们昂扬激愤的情绪感染了竺可桢，竺可桢终于下定决心，对大家说："既然你们要游行，那就让我来领队，但必须排好队伍，保持秩序，勿与军警冲突。"

游行队伍出发了，竺可桢高举浙江大学校旗，领着教职工走在前面，中间是女生，后面是男生，整齐的队伍喊着口号走遍山城的大街。

途中,竺可桢找到警备司令张卓,要求军警不要干涉学生的爱国活动。一路上,游行队伍秩序良好,军警也未加阻挠。不过,学生们在前面刚刚贴上标语,军警就在后面立即撕掉。道旁的广大市民则对学生们报以热烈的掌声支援。就这样,在竺可桢的带领下,学生游行得以顺利进行。

贵州是国民党的模范省,浙江大学这次示威活动惊动了最高当局。蒋介石亲自给遵义警备司令张卓打电话,下令严查浙江大学的共产党。教育部和中统派了要员到遵义进行调查,形势顿时紧张起来。

一天深夜,时任国民党县党部书记叶道明带人拘捕了浙江大学助教潘家苏和学生滕维藻。原来,他们以查户口为名在两人的住处搜出了"反动标语"。

深知叶道明为人的竺可桢说:"这里边一定有隐情!"他去县党部要人,可是潘家苏和滕维藻已被押往重庆。为了还潘家苏和滕维藻一个公道,竺可桢忍着脚上冻疮的疼痛,在严寒的遵义山城跛着脚四处奔走。

经过一个冬天不懈的调查,竺可桢查明这是一起栽赃陷害事件。他在中统的保单上签上自己的名字,把潘家苏和滕维藻从看守所保了出来。这是他几个月来东奔西跑、不懈努力的结果。

一波未平,一波又起。国民党特务又逮捕了浙江大学

第六章 黎明前的黑暗

史地系学生王蕙和中文系学生、黑白文艺社社长何友谅。几经转移,他们最后被关在重庆青木关附近的"战时青年训导团"集中营。

青木关在重庆郊外。为了探望这两个学生,竺可桢早上 5 点就起床步行到北碚车站,等了两个小时才坐上公共汽车。下车后他还要走一段蜿蜒于丘陵七八里的石板路,路上几乎见不到行人。但是他心中并不胆怯,因为这条路虽然艰险,却是一条通往公道的路。

竺可桢在名为"战时青年训导团"实为关押进步青年的集中营里,见到了王蕙。从王蕙口中,竺可桢得知何友谅曾越狱逃跑,后被抓回,现在看管得非常严,不允许任何人探视。王蕙还告诉竺可桢,他们之所以被捕是因为那次大游行,关押期间审讯的内容都是关于那次游行的事情。

半个小时的探视时间很快就过去了,竺可桢难过地离开了那里。

竺可桢回去的时候,还发生了一个小插曲——有人越狱了。他等了两个小时,直到警报解除后才饿着肚子往回赶。不久,何友谅被国民党政府杀害;王蕙则在竺可桢的多方努力下,被保释出来。

3. 浙大回迁与重建

1945年8月中旬，日本投降的消息传到了遵义，全城轰动，新城、老城各鸣炮十响，满街爆竹声至半夜不绝，人们来到街上互相祝贺，个个喜笑颜开，像过年一样热闹。

竺可桢兴奋不已，到12点还没有睡着，又听到锣鼓声和人声自远而近，不久就听到有人敲门，一经询问才知道，原来是游行的学生。他赶紧穿衣下楼，学生们兴高采烈地把他高高抬起，高呼一阵"抗战胜利万岁"才离开。

竺可桢满心欢喜，久久不能入睡，他首先想的是尽快将浙江大学迁回家乡。清晨起床后，他就急不可待地致电浙江大学龙泉分校，提醒要收回"城内报国寺、蒲场巷，城外哈同花园、华家池与临平、湘湖、万松林之产业"。

8月15日，日本正式宣布投降，竺可桢随即召开学校行政座谈会，提出为早日东迁，必须加快课程进度。16日，他和土木工程系主任吴馥初谈论杭州校址建设规划；19日召开教授会，讨论迁校。其急切喜悦之心，几乎到了不能自已的程度。

8月25日，他兴致勃勃地随一批同学到遵义桃溪寺郊游，并即席发表《战后大学教育》的演讲。

第六章　黎明前的黑暗

8月下旬，中国共产党领导人毛泽东飞抵重庆与蒋介石共商国是，国内和平前景大为乐观。9月4日，竺可桢在遵义各界庆祝抗战胜利大会上说，"此次战争必能奠定永久和平基础"。9月17日，他对全校师生讲，抗战胜利后，大家"希望团结，实行民主"；要实行民主，"并非要人人努力争取权利，而要人人尽力尽义务"；他还说，不要以为我们战胜了，可以依附美国成为"五强"之一，我们在"物质上尚须吃苦，方能奠定工业基础"。

9月18日，竺可桢以欣喜的心情到重庆参加全国教育复员会议和中央研究院关于接收敌占区的科研单位会议。

10月14日，竺可桢来到南京探看他一直记挂着的北极阁。气象研究所断壁残垣，荒草没径，只有山顶的风速仪还在转动着。从山上遥望石头城，江山依旧，但面目全非。当年已起步的中国气象科学事业在经历巨大的民族劫难之后，不知道要付出多少心血才能重新建设好。

10月15日，竺可桢回到故居。抗战时此屋被汉奸霸占，好在房子没什么损坏，只是他珍爱的书籍荡然无存。

10月16日，竺可桢从南京乘车去上海途中，又看到了阔别8年的江南水乡景色，同时也看到了与秀丽江南极不协调的一幕，那就是"沿途见日本兵在街上往来自如，亦无人管束。吾人吃了日本军阀不少苦，而吾人今日乃以德报怨，亦非公正之道"。

10月18日中午，竺可桢终于回到了离别8年的浙大校园。浙江大学的校舍除少数完好外,其他如图书馆、大礼堂、教职员宿舍及生物系、物理系、史地系的房屋已是断壁残垣。竺可桢非常痛心,也预知重建校园的工程将十分艰巨。

经过紧张的筹备,浙江大学于1945年11月8日在杭州举行了开学典礼,成为内迁高校中最早复学的学校。在开学典礼上,竺可桢满眼含泪向浙江父老报告:浙江大学又回来了。他讲述了8年兴学的历程,告诉杭州人民,浙大虽流亡在外,却茁壮成长。"七七"事变之前的8年,毕业852人;抗战中的8年却培育了2000多人。仅此一事,足以告慰浙江的父老乡亲。

此后,竺可桢忙于学校重建,工作十分紧张劳累,到1946年8月渐渐感觉体力不支,他在日记中写道:"余近来坐卧起立,每觉有晕倒之势。"

为了准备开学,聘请教师,他写信给贝时璋,劝他不要去北京大学,来浙江大学;他亲自拜访马寅初,请他前来任教。人类学家吴定良在中央研究院未受重用,想回中央大学又有困难,竺可桢知道他在人类学上颇有造诣,不应使之无用武之地,立即聘请他到浙江大学任教。之后吴定良在浙江大学创办了人类学系和人类学研究所。

回到杭州后,竺可桢在翻阅近期美国《气象学报》时,发现自己有多处"不解所云",不禁叹道:"10年校长,已成落伍之气象学家矣!"但他并不后悔这10年与浙江大学休戚与共的校长生涯。

1946年8月,竺可桢又接到派他出席11月在巴黎召开的联合国教科文组织成立大会并到英美考察的通知。10月底,他对校务作了安排,并请师范学院院长郑晓沧代理校长职务。11月3日,随代表团飞往法国。

会议结束后,竺可桢参观了法国中央气象台、居里实验室等科研机构,游览了巴黎的名胜古迹,参观了藏有稀世艺术珍宝的罗浮宫。他还特意到距巴黎60公里的乡村巴比松参观。接着,他又参观访问了伦敦的学校、研究机构、图书馆、博物馆;参观访问了达斯塔尔气象预报所;两次到李约瑟所在的凯里斯学院访问,并多次与李约瑟会面;还拜访了贝尔纳、赫胥黎等英国著名科学家。

在剑桥图书馆,竺可桢发现该馆收藏中国书籍近6万卷,其中手抄本竟占三分之二,还查到两本《永乐大典》,不由得唏嘘感慨。令他欣慰的是,他在伦敦会见了一批留英的浙江大学毕业生,12月29日还参加了浙江大学留英学生欢迎集会。

1947年1月20日,竺可桢结束在英国的考察,乘船横渡大西洋去美国考察。2月25日,他来到哈佛大学最大的图书馆——威德纳图书馆,看到自己所写的《二十八宿起源之时代与地点》英文稿已刊登在《大众天文》2月刊上。他对这个问题的研究可以说已相当完善,但他并没有满足于已取得的成就,为了尽可能全面、系统了解国际气象学界在这近10年时间中取得的成果,他又像30年前求学时那样,两个月几乎每天都在图书馆查阅文献资料。

在美国,竺可桢参观了波士顿等地的美术馆、博物馆,发现里面陈列着大量我国从商朝到清朝的青铜器、玉器、瓷器、绘画,有的是无价之宝,如宋徽宗摹唐代张萱《捣练图》真迹、南宋赵伯驹的《汉高祖入关图》、五代南唐董源的《平林霁色图》等。竺可桢感叹道:"我在英国剑桥,和在这里看到中国美术品及图书馆之观念,深觉中国人不知道保护自己国家的美术瑰宝,以致尽散于国外,实在太可惜。将来国人要研究中国美术,亦必须到欧美来。"

4. 光明与黑暗的搏斗

就在竺可桢出国考察的八个多月里,国内形势发生了急剧变化,国民党反动派挑起内战,向解放区悍然发动了全面进攻。

1945年在杭州时,竺可桢就目睹了国民党军队以征服者自居,飞扬跋扈;国民党的达官贵人骄奢淫逸,贪污受贿,鱼肉百姓,国统区的百姓仍处在水深火热之中。所有这些都在他心中蒙上了一层阴影,特别让他不安的是,国民党政府对全国民众"停止内战""实现政协决议""保证人民民主自由"的正义呼声置之不理,大肆逮

第六章　黎明前的黑暗

捕、监禁、屠杀爱国进步人士。内战爆发后,国家命运成为爱国人士思虑的重要议题。

1946年9月的一天,竺可桢收到了女儿竺梅的一封信,说她已投奔解放区,她为自己临行前不能与父亲、兄妹们道别而难过。竺梅自小体质就很弱,每年冬天都犯哮喘病,发病时常大口喘气,脸憋得青紫。得知女儿去了北方解放区,竺可桢既惊喜又担忧。喜的是女儿投身于为民请命的斗争中,忧的是她是否习惯北方严寒凛冽的冬天。他无论如何也没想到,从此他再也见不到心爱的女儿了。竺梅在中华人民共和国成立前夕病逝于解放区。

1946年10月19日是鲁迅逝世10周年,竺可桢在当天的日记中写下了鲁迅的著名诗句"横眉冷对千夫指,俯首甘为孺子牛"。这两句诗反映了他当时的内心世界。

1947年5月,全国各地爆发大规模的"反饥饿,反内战,反迫害"的学生运动。国统区几乎所有的大学生和大部分中学生都参加了运动,人数高达60万。全国各阶层民众也纷纷声援爱国学生。蒋介石大为恼怒,痛骂学生"形同暴徒",决心"断然处置"这些"不安分"的人。

正在美国考察的竺可桢,接到教育部部长朱家骅的急电,要求他"立即返校,平息学潮"。竺可桢一看事态紧急,赶忙返回国内,但了解浙江大学的学生运动情况后，他不仅没有按当局的意思惩罚爱国学生，还处处为学生着想。

浙江省政府主席沈鸿烈对竺可桢庇护学生的做法极为不满，他约请竺可桢时说："之江大学学生数量不及浙大的三分之一，目下已开除退学了四五十人，浙大实失之过宽。"

竺可桢只说道："学校处置学潮不能用武，须以德服人方能令师生信服。"

已在大学供职多年的竺可桢始终认为，在中学、大学就读的学生绝大多数是优良子弟，是未来振兴国家的可用之材，因此务必要千方百计保护他们，他万不能接受之江大学让军警入校抓人的做法。但当局并未因他的反对而就此罢休，最终，竺可桢最不愿意看到的事情还是发生了。10月26日，校园内风传浙江大学学生会主席于子三和另外3名学生在校外被特务跟踪，以共产党嫌疑罪名被拘捕的消息。

竺可桢得知后，非常担心这些学生被秘密杀害，连忙找到省政府、警察局、省党部，要求当局立即放人。他义愤填膺地对保安司令竺鸣涛说："如果你们认为浙江大学的这4个学生有重大嫌疑，应送交法院。如果没有确凿证据，应由学校保释。"但保安司令竺鸣涛、警察局局长沈溥却一再推诿拖延，于子三等人被拘留时间早已超过法律规定的24小时。

第六章 黎明前的黑暗

学生们听闻当局无意释放便立即行动起来，发出警告：限当局立即释放被抓同学或送交法院审理，否则，将全体罢课以示抗议。然而，当竺可桢再度因此事找到浙江省政府主席沈鸿烈时，却得到了于子三已"畏罪自杀"的消息。

竺可桢悲愤不已，责问沈鸿烈："于子三有何罪？他为什么要畏罪？自杀又是从何说起？"

沈鸿烈无言以对。竺可桢见省政府不表态，便立即返校召集校医和学生代表一同赶到保安司令部，找到保安司令竺鸣涛，质问于子三的死因。竺鸣涛像早有准备一样，他给出的答复是：于子三用玻璃戳破喉管自杀身亡。

竺鸣涛找人拿来一块血迹斑斑的玻璃，告诉竺可桢，他们提审于子三时要求他老实交代策划学生暴动的阴谋，于子三察觉到事情严重，心里十分恐惧，回到牢房没吃晚饭，在下午 6 点 20 分左右自杀身亡。

竺可桢反驳道："你们的说法太离奇了。我了解我的学生，于子三是个品学兼优的好学生，哪有无罪而畏罪的道理？再说，你们派重兵看守牢房，哪里来的玻璃？"

竺鸣涛与他的手下被这一问问得面面相觑。竺可桢接着说："不管于子三死因如何，你们都在责难逃。"

在法医的陪同下，竺可桢于雾气迷蒙的午夜前往监狱验看于子三的遗体。阴森潮湿的牢房里，一股血腥味扑面而来。仰卧在监狱窄小的木板床上的于子三，身体早已冰冷僵硬，喉管被割破，颈上、胸前和床上大片的血迹已凝固成黑褐色……

竺可桢从清晨到深夜，连续奔走，水米未沾，现在又亲眼看到学生死于非命的惨状，悲痛和愤慨一起猛烈撞击着他的心，他忽然觉得头重脚轻，无法站立，法医见势赶紧搀了一把。校医忙给他注射了一针强心剂，过了好一会儿，他才缓过劲来。

这时，地方检察官拿出一份早已填好的尸检证书，只见上书"于子三于狱中用玻璃片自杀身亡"几个字，让竺可桢签字。面对这些人的阴谋，心痛不已的竺可桢瞥了一眼证书上的文字，当场拒绝道："我只能证明于子三已死，不能证明他是用玻璃片自杀。"地方检察官慑于竺可桢的凛然正气，只能看着他在验尸报告书上写下"在狱身故，到场看过"几个字。

几天后，于子三被害的消息传遍浙江大学，千余名学生难抑悲愤，冲上街头示威游行，新华社播发了这一消息。当天夜里，杭州宣布戒严。

"于子三事件"也激起了浙江大学教授们的极大愤慨，教授会议发表宣言要求当局主持公道、保障人权、处理事件责任人。就连一向不赞成学生参与政治活动的老教授也拍案而起："我就不信我们不能罢教！"于是有了浙江大学有史以来唯一的一次教授罢教。

接着，竺可桢又赶到南京，奔走于司法行政部、教育部等部,呼吁其伸张正义、主持公道。他还接受上海《大公报》《申报》的记者采访,在采访中,他提到当局对于子三之死负有不可推卸的责任。他要求政府查明事实真相,惩办杀人凶手。为引起当局对此事的重视,他对记者们说:"这一事件的最后结局将使人们看到,政府是否真的有诚意依法治国,是否真的愿意保障人权。"

竺可桢的言行让反动当局十分恼火。浙江省政府主席沈鸿烈电告蒋介石,说竺可桢有意"煽动学潮"。蒋介石接电后,责令教育部部长朱家骅在最短时间内让竺可桢在报纸上发文"更正"。面对威胁,竺可桢立场坚定,毫不犹豫地回答:"报载是事实,我无法更正。"

面对全国各地此起彼伏的学潮,国民党青年部部长陈雪屏向国民党中央汇报说,学潮的根源"乃在浙大",在于浙大竺可桢这个"国内第一流校长,在学潮中持第三者之态度"。

国民党内的态度对竺可桢越发不利,为维持全国教育界的稳定,教育部部长朱家骅给竺可桢发密电:"闻浙大近来又开始罢课,实属目无法纪,不容宽贷。学生自治会应解散,为首滋事者应严惩,所以救浙大,亦所以救全国大学。"

竺可桢仍据理力争:"学生如有越轨行为,学校自然可以处理或解散自治会。否则,做事无根据。"但为了不把局面闹得太僵,他给朱家骅复电:"尽快复课,电令暂缓执行。"

面对外界巨大的压力，竺可桢对前来看望他的学生说："一本过去的理智态度、求是精神，决不以利害得失而放弃是非曲直。"

竺可桢敬佩明朝著名思想家王阳明处于困境中"沉毅的大勇"。王阳明因反对宦官专权险遭杀害，被贬谪途中乘舟又遇飓风，为记录当时的心境，他写下《泛海》一诗："险夷原不滞胸中，何异浮云过太空。夜静海涛三万里，月明飞锡下天风。"王阳明的这首诗激励竺可桢在光明与黑暗的激烈搏斗中，同样坚持"沉毅的大勇"！

这场因浙大学生于子三之死引发的全国性大规模学潮持续了半年，是新中国成立前最后一次全国大规模的学生运动。在这场斗争中，竺可桢出于一个爱国的科学家、教育家的正义感，出于对学校和学生的责任和爱护，出于对民主和自由的强烈渴望，始终站在斗争的前沿，坚决抵制反动当局对进步学生的迫害。他不顾个人安危、深明大义、追求真理的精神，在广大师生心目中树立起一面鲜艳的旗帜。

1948年3月14日，于子三的遗体在竺可桢亲自选定的凤凰山墓址安葬。这一天，数千名学生胸佩白花，手持挽联、横幅，在学校广场上追悼于子三。广场一片素白，回荡着低沉悲愤的挽歌：我们抬着你的遗体向前走，走在祖国的土地上。仇恨的人们听着记着，今天将烈士埋葬，他日开出民主之花……

第六章 黎明前的黑暗

5. 留守迎接新时代

1947年除夕,全国气氛极为沉抑。因国民党政府的黑暗统治,浙江大学的教职工生活艰窘,无以为继,纷纷来找竺可桢,向学校借钱度日。竺可桢的夫人陈汲也向他诉说家中已无买菜的钱。竺可桢苦笑着跟夫人打趣道:"人们常说'巧妇难为无米之炊',这下正是考验你这个巧妇的时候。"大年夜,他们全家吃的是霉米饭。

只有少年不知愁滋味,院子里不时传来孩子们清亮的笑声,过年对他们来说是喜庆热闹的。孩子们追逐打闹的身影不禁让竺可桢回想起自己幸福的儿童时代。在他的故乡绍兴,从腊月二十六起,人们就祭祖祝福,准备过年了。孩子们换上新衣新鞋,天不亮就从被窝里爬起来放鞭炮,吃年糕。那是过去的岁月里最快乐最鲜活的记忆。而如今,面对三三两两面黄肌瘦前来拜年的教职工,竺可桢和他们谈起时局,唯有相对叹息。

国民政府陷入严重的政治危机、军事危机和经济危机,货币贬值,物价飞涨,钞票面额最大已达百万。抗战前一石米六七元,现在一石米涨到了五六万元。全国各地陆续爆发饥民抢米的风潮。就连一向富庶的杭州市,面上也商品奇缺,各种食品被哄抢一空,甚至大街上常有抢劫事件发生,百姓叫苦不迭。

竺可桢一心想抓科研、抓教学,却不得不面对更为严峻的生存问题。俗话说,一分钱难倒英雄汉。他多次主持校务会议,研究学校有限的经费用度和师生员工的生活问题。有时他忍不住叹息道:"校务会议讨论柴米油盐,恐怕中外教育史上没有先例。"

根据1948年岁末的紧急校务会议决定,竺可桢分别派人到杭州周围的萧山、兰溪、富阳等地购买了一批黑市米、高价食用油和木柴,以备不时之需。为人敦厚、认真负责的数学系教授苏步青,连日在富阳乡下的集市奔波,为浙江大学购回100余担木柴。

当时的大环境并不好,为了挽救军事上的败局,国民党在政治上加强了对广大民众的高压政策。

1948年6月,国民党的《中央日报》发表了一篇社论《操刀一割》。文中指责浙江大学是北京、上海、杭州的学潮中心,建议当局采取雷霆手段从速解决,"与其养痈遗患,不如操刀一割"。这篇社论释放出一个信号,表明反动当局已经对浙江大学和竺可桢庇护学生的做法十分不满,准备向他们动手了。竺可桢的安全受到严重威胁。

1948年8月2日后半夜,浙江大学校园里万籁俱寂,沉睡中的竺可桢隐约听见几声哨音。清晨,校警和学生代表跑来向他报告,凌晨4点左右,200多名军警分乘5辆卡

第六章 黎明前的黑暗

车闯进浙江大学，封锁了所有通往学生宿舍的路口，一些身穿雨衣、以帽子遮面的特务学生给他们充当向导，抓捕了吴大信等 3 名学生。

事情发生后，竺可桢火速动员一切力量组织营救，除了吴大信，另外 2 名学生获得保释。

不久，一份教育部发来的密件摆到竺可桢的案头。这是一份控诉浙江大学及竺可桢的情报：

自 8 月 22 日特刑庭拘捕吴大信后……竺可桢甚至包容奸伪匪谍学生之一切非法活动于不问不闻，而对于特刑庭之传讯则加以拒绝……综上各情，浙大当局包容匪谍学生之非法活动，实责不容辞。

教育部将这份直指竺可桢、内容咄咄逼人的情报送给当事人竺可桢，用心可谓阴险，竺可桢不禁担心起来。

1948 年 11 月，辽沈战役结束，国民党军队全面崩溃。面对急转直下的政治形势，人人都忐忑不宁，纷纷考虑和选择自己的出路。

一个月后，蒋介石的心腹谋士、总统府国策顾问陈布雷因痛感"时局艰难、前途无望"，服安眠药自尽。竺可桢在杭州九溪参加了陈布雷的葬礼。

陈布雷与竺可桢颇有渊源。二人是同乡，都是绍兴人。早在辛亥革命时期，陈布雷就在上海创办《天铎报》

《商报》，宣传民主革命，被称为"如椽大笔，横扫千军"。但自从跟随蒋介石后，正派的文人品格与"士为知己者死"的效忠思想始终折磨着他，以致走上了"自绝人前"的道路。竺可桢被任命为浙江大学校长，是经陈布雷力荐而成。此后，竺可桢与校园中朝气蓬勃、富于革命精神的青年学生朝夕相处，目睹了国民党的腐败统治，与民主、进步之路背道而驰，做出了与陈布雷截然相反的选择。

1948年12月，南京政府指示各大学准备"应变"迁移。浙江大学在全体教职工中展开调查，结果有96%的教职工反对迁校。12年前，为了抗日，全校师生不畏艰难，四迁校址。如今，因内战缘故，全校师生团结一致，反对南迁。

有人秘密告诉竺可桢，国民党特务手中有两份黑名单，一份是"反动分子"名单，一份是所谓"和平分子"名单，竺可桢的名字虽被列入后一名单中，但他已被国民党视为"另类"。对于这件事，竺可桢并不在意，作为校长，他的本心是维护学生追求真相，以求是精神治学做事的权利，至于当局的威势恐吓，欲加之罪，何患无辞？

1949年元旦，竺可桢收到中国共产党杭州工作委员会的新年贺信，贺信内容诚挚恳切，希望他坚持工作，保卫人民财产，参加新中国建设。

亲历了多年动乱，竺可桢相信中国共产党，相信中国人民和浙江大学师生的选择是正确的。因此,在风雨如晦的日子里,他决定留在学校,等待大变革的到来。

下定决心后,竺可桢的心情反而归于平静。公务之余,他开始将精力放在对科学的研究和日常的学习上。他查阅资料,发表了《地缘政治学与世界霸权》的演讲,拟写了《十八世纪末中国之人口压力及马尔萨斯所倡之学说》;他还将清代学者洪亮吉论述人口问题的《意言·治平》翻译成英文。

1949年3月7日,是竺可桢59岁生日。出于对校长的崇敬与热爱,浙大学生在学生自治会的筹备下,前一天自发举行盛大的祝寿晚会,并向他敬献锦旗,上书"浙大保姆"四个大字。这四个字言浅意深,是师生们对竺可桢13年来为建设和发展浙江大学、关怀和爱护广大师生所做的重大贡献的肯定与感激。

4月28日,教育部部长杭立武从上海来电,敦促竺可桢"尽快莅沪",并称"教授愿离校,到沪后可设法"安排。接着,催促成行的电报接踵而至:"有要事相商,速来沪。"

竺可桢一路上都在猜测何事,他预感与内战后期学校"迁移"一事有关。到了上海,果然不出他所料,杭立武要他尽快前往台湾或广州,竺可桢事先已有所准备,因此当即予以拒绝。他托返回杭州的朋友转告夫人陈汲,他绝不去台湾或广州,请她和家人放心。之后,为避开"耳目",他暂住在上海的一个朋友家中。一天,他翻开报纸,看见报纸上赫然登着"竺可桢已飞往台北"的消息,他笑了笑,把报纸扔在一边。

这天,竺可桢外出时遇到了正欲前来拜访他的蒋经国。蒋经国对他说:"家父从舟山派我来上海,专程迎接先生去台湾。"

竺可桢婉拒:"经国先生,历史兴替,大势已去,台湾能维持多久?"

见蒋经国不作答,他还劝蒋经国不必去台湾。蒋经国没想到竺可桢会毫不留余地地拒绝他,只好悻悻地说:"人各有志。"随即两人不欢而散。

5月底,上海解放。清晨,竺可桢走上街头,薄雾未散,淡淡的晨光下,只见年轻的解放军战士席地而坐,纪律严明。他仿佛看到了新中国的光明前景。

他难抑激动,来到闹市区,眼前是一片欢欣的景象:沿途人山人海,欢迎解放军的群众排成了人墙,人们敲锣打鼓,兴高采烈,女学生们争相把鲜花插在解放军的衣襟上……

5月27日,上海城里焕发着无限活力,竺可桢在日记中写道:

当年国民党自广州出师北伐,人民也像今日一样欢腾。但国民党自己不振作,包庇贪污,赏罚不明,才造成今日的倾覆。

解放军之来，人民如久旱之望云霓，希望能苦干到底，不要如国民党之腐化。科学对于建设极为重要，希望共产党能重视之。

此时的竺可桢和千千万万中国人一样，怀着欣喜和希望的心情，迎接中国的新时代。

在上海期间，竺可桢几次接到浙大师生和上海浙大校友会的请求，热诚希望他返回浙江大学继续主事。7月3日，上海浙大校友会举行常年大会，内容之一就是热烈欢迎竺可桢校长，出席的校友600余人，盛况空前。大会以上海浙大校友会的名义向竺可桢献赠刻有"教泽广敷"四字的金质章，充分显示了广大师生对老校长的衷心爱戴，以及他为办好浙江大学所做贡献的感谢。

两个星期后，即7月17日，又有浙大校友200余人集会，恳切要求竺可桢早日回到浙江大学。

面对莘莘学子情真意切的邀请，竺可桢不禁动容，他几乎控制不住眼泪，说不出话来。他受命于危难之时，与浙江大学同船共渡13个春秋，为教育事业历尽艰辛，如今浙江大学与13年前已不可同日而语，他已完成历史任务。为了民族的振兴和国家的繁荣，他决心回归气象学事业，为国家的科学事业贡献余生。当时他已应邀参加全国自然科学工作者代表会议筹备会，所以他辞谢了浙大师生和校友的挽留，表示自己不再回校任校长，但他仍会时刻关注学校的发展，他深信会有更合适的人担任校长。9月1日，中央人民政府决定由教育家马寅初接任浙江大学校长。

第七章　投身新中国科学事业

新中国成立后，年近花甲的竺可桢怀着兴奋、自豪的心情，踏上了新的征程。在中国科学院建院初期，他从多方面着手，充实新中国的科研力量，培养青年科技人员，并直接参与自然科学史的研究，开展局部的自然资源勘察工作。与此同时，他也没有放弃老本行，运用掌握的大量材料，论述世界气候的变迁，为新中国的农业生产建言献策。

1. 参与中科院早期建设

1949年5月28日，上海市人民政府成立，陈毅出任上海市市长。

竺可桢早就听说陈毅不仅是一位骁勇善战的将军，还是一位才华横溢的诗人。6月9日，他接到邀请，请他出席陈毅主持召开的文化科学界人士座谈会。在座谈会上，陈毅亲切地阐述了共产党对知识分子"团结、教育、改造"的政策，希望知识分子能发挥自己的作用，为新中国建设服务。会后，竺可桢在日记中写道："这些讲话是极其合理的，我看到了自己的未来。"

7月5日，竺可桢作为知名科学家应邀赴北平参加全国自然科学工作者代表会议筹备会。会后，周恩来总理与参加筹备会的科学家共进晚餐，征询他们对科学工作者会议的意见，详细阐述了政治局势和政府拟采取的措施，还谈到全国各地的灾害情况及克服困难的办法。这些坦诚的谈话，使竺可桢深切感受到共产党与国民党在对待国家民众方面截然不同，并对共产党执政有了更强的信心。

9月初，竺可桢参加第一届中国人民政治协商会议。在讨论制定《共同纲领》过程中，他提出专门列入发展自然科学这一条。9月11日，全国政协小组讨论会通过了竺可桢的建议，在《中国人民政治协商会议共同纲领》中增列了一条："努力发展自然科学，以服务于工业、农业和国防的建设，奖励科学的发现和发明，普及科学知识。"大会重视并通过竺可桢的建议，这一举动让竺可桢感慨万千。

1949年10月1日，竺可桢应邀登上天安门城楼，观看了气势宏大的阅兵式和群众游行。当毛泽东主席向全世界庄严宣告"中华人民共和国中央人民政府今天成立了"时，他无比兴奋和自豪。尽管他年近花甲，但为了新中国的科学事业，他"志在千里"，将踏上新的征程。

一个月后，中国科学院成立，院长为郭沫若，副院长为陈伯达、李四光、陶孟和、竺可桢。竺可桢主管自然科学研究方面的组织领导工作，他同时兼任计划局局长，也是唯一兼任局长的副院长。

此前10月的一天，同住北京饭店的郭沫若来到竺可桢的房间，与他商量科学院怎么办，两人谈了整整半天。事后，郭沫若对黄宗甄说："竺可桢对科学院今后怎么办，一条一条讲得很清楚。"并特别强调,"竺可桢是个老老实实的科学家,人很忠厚,以后院里恐怕是要靠他的。"

中国科学院建院初期,主要任务是接管北京、上海、南京三地原国民政府中央研究院和北平研究院的机构,安排各机构的人员,制订各机构的任务,建立健全规章制度,等等。各项工作千头万绪,可谓百废待兴。

当时最紧迫的任务是尽快在旧机构的基础上组建新的研究机构,为发展新中国科学事业打下坚实的组织基础。

根据原有研究基础和今后发展的有利条件,中国科学院的领导人员谨慎商议后确定,以北京为数理和社会科学研究中心,上海为实验生物学、有机化学和药物化学研究中心,南京为地理学和天文学研究中心。又经过反复研讨,原有的 24 个研究所调整为 18 个,另建 4 个新的研究所,从而形成了中国科学院的初步建制。

在确定研究机构改组方案的过程中,竺可桢顾全大局的高尚品格和实事求是的科学精神得到了充分体现。原气象研究所是竺可桢自 1928 年起苦心经营发展起来的,对我国气象科学事业的起步与发展做出了开创性的贡献。中国科学院成立后,竺可桢完全有能力把这个研究所保留下来,但是他没有这么做。根据当时学科的发展状况、国民经济实际需要和研究所内一些科学家的意愿,他主张将它扩大为地球物理研究所,下设一个气象研究室。

建院初期,竺可桢从多方面着手,为中国科学院凝聚研究力量。首先，中国科学院计划局对全国自然科学方面的人才进行摸底调查。根据各方面专家的推荐，当时有相当学术成就的自然科学家为865人，其中174人还在国外。经竺可桢和其他院领导共同努力，争取了一批具有学术成就的科学家先后到中国科学院工作，其中包括童第周、曾呈奎、贝时璋、庄孝僡、蔡邦华、戴芳澜、汤佩松、殷宏章、潘菽、裴文中、王淦昌、汪德昭、庄长恭、王葆仁、虞宏正、叶渚沛、尹赞勋、黄秉维等。就像当年在浙江大学努力延聘有学术威望的教授一样，竺可桢为了敦请这些科学家来科学院工作，倾注了大量心血。

与此同时，竺可桢还亲自发函，延请在海外的朋友和学生中有成就的学者回国参加建设。在他的号召下，有的学者很快踏上归途，回国后成为中国科学院的研究骨干。

为了弥补中国科学院研究力量的不足，竺可桢倡导高等院校的教授到研究所兼职，担任专门委员会的委员，在研究方向和人才培养方面协助中国科学院工作。他还认真组织实施中国科学院和高校共同组建研究机构的计划，例如在北京大学建立植物生理研究室，请当时的北大教授汤佩松主持；通过侯光炯教授在西南农学院设立了西南土壤研究室等，这些做法对有力推动基础研究起了一定作用。

竺可桢对青年科技人员的培养更是倾注了心血。在当时的情况下，他主张多派青年科技人员到苏联深造，或随专家一起赴苏联及东欧国家考察进修。他本人出访苏联和东欧国家时，总是向驻外大使详细询问留学生的学习成绩，并与留学生们会面，或进行个别谈话，或举行座谈会，或要他们陪伴参观、担任翻译，从而实际考察留学生的业务水平。兰州冰川冻土研究所所长谢自楚就是在竺可桢的建议和鼓励下，选择了冰川研究专业，后来成长为我国较早从事冰川研究的青年学者之一。

  根据中国科学院计划与指导全国科学研究事业的职能，中国科学院十分注意地方科研工作的发展和新学科研究机构的设立。前者是为了更好地为当地国民经济建设服务，后者是为了进一步推动新兴学科的发展。竺可桢为促进这两项工作也是不遗余力。

  新中国成立初期，竺可桢深感中国海洋科学事业的落后，经过一番努力，得到教育部门的支持，首先将山东大学的童第周、曾呈奎教授调到中国科学院，让他们与原北平研究院动物研究所所长张玺共同主持成立海洋生物研究室，并在此基础上很快将其壮大为多学科的综合性海洋研究所，致力于发展我国海洋科学事业。

  1951年5月，为了使科学研究与国家边远地区的建设密切融合，中国科学院派出了西藏科学工作队。这支队伍经竺可桢精心挑选、组织，以地质学家李璞为队长、大地测量学家方俊为副队长，共有48人参加，前往西藏进行地理、生物、农业、社会、历史、语言、文艺和医药等方面的考察。这是有史以来对西藏第一次有组织的多学科科学考察。取得初步成果后，1952年6月，中国科学院又派出土壤学家李连捷率领的农业科学家共11人再次进藏。

此外，根据国家在海南岛、雷州半岛和广西南部发展橡胶种植的规划，竺可桢组织了由多学科科研人员组成的考察队进行前期调查，这些调查标志着我国早期自然资源综合考察的开始。

当时，国家建设是重中之重，随之而来，综合性基础科学的重要性与日俱增。在竺可桢的组织下，调整新建了一些新的研究所。例如，在原地质研究所土壤研究室的基础上，新建了土壤研究所；在原地理研究所测量室的基础上，组建了武汉测量与地球物理研究所；在原植物分类研究所中，另外开辟出植物生态、植物形态与细胞学、古植物学、植物化学等研究领域，使之成为综合性的植物研究所；在菌种保藏委员会和黄海化学工业研究所微生物发酵研究室的基础上，吸收北京农业大学的有关部分，组建了微生物研究所；等等。位于兰州的冰川冻土研究所和沙漠研究所，更是在竺可桢的亲自过问下建立起来的。

竺可桢也很重视并直接参与了自然科学史的研究。他认为，历史上的科学资料不但可以为经济建设服务，而且有助于基础科学的理论研究。在他的提倡和组织下，第三历史研究所（即近代史研究所）和地球物理研究所的研究人员从5600多种地方志、2300多种诗集里，收集到从12世纪到1955年我国有记载的地震信息近万条，加上1900

年以后国内外地震仪器实测所得记录，汇编成《中国地震资料年表》和《中国地震目录》，成为地震学研究的参考资料。在此基础上，他们又编制出地震烈度区划，直接为国民经济建设服务。

　　为了开展中国古代科学史研究，在竺可桢的倡导下，中国科学院成立了由北京大学、清华大学教授和各部门负责同志参加的中国科学院自然科学史研究委员会，开展学术讨论活动。在此基础上，我国于 1957 年正式成立了自然科学史研究室，对推动我国科学史的研究发挥了重大作用。

2. 科学考察保生态

　　经过几年的努力，中国科学院的工作有了长足的发展。1956 年，中国科学院由原来的 6 个研究机构发展为 44 个，科研人员中，副研究员以上的高级研究人员有近 400 人，总人数由开始的 219 人增至 2496 人。同时，科研成果不断涌现，为社会主义建设事业做出了巨大贡献。这一切与竺可桢的个人努力是分不开的。

　　竺可桢认为，旧中国经济落后、生产力水平低下的原因之一，是对我国自然资源和自然条件缺少通盘调查和了解，以致在合理的开发利用环节显得更薄弱。新中国成立后，他意识到这项工作的重要性和迫切性，马上组织展开局部的自然资源勘察工作。

作为中国科学院综合考察委员会主任，竺可桢认为考察应该由简到难，早期考察应以普查为目的，主要考察对象是边疆待开发地区；第二阶段的考察则应由普及转向重点深入，进入实验研究阶段，届时需要运用新的技术装备对长江和黄河流域的土壤、柴达木盆地的盐湖、沙漠的治理以及"南水北调"工程进行专业考察。

确定考察工作的内容、步骤后，从1950年开始，中国科学院先后派出地质队、土壤调查队，进行植物资源和水生生物资源调查，配合铁路选线和厂址选择进行地貌与经济地理调查等。与此同时，随着西藏的和平解放，两次派出的西藏科学工作队也对西藏的自然条件和社会经济状况进行初步调查，为西藏当地的建设提出了一系列有益的建议。

从1953年开始，为了治理黄河，中国科学院与水利部、黄河水利委员会合作，在竺可桢的亲自组织下，土壤、植物、地理等研究所参加了黄河流域水土流失的考察及定位实验站工作。

在这一系列的工作中，竺可桢进一步认识到我国丰富多样的自然资源是社会主义建设的有利条件，同时也意识到我国自然资源有其局限性，在实际开采使用中，必须对自然资源合理利用、精心保护、科学开发，否则不仅会使自然遭到破坏，还将给人类带来灾难。

为了掌握第一手资料,竺可桢亲自参加科学考察,并在日记里记下了自己踏遍祖国山河的足迹。

1957年2月至3月,竺可桢与中国科学院、林业部、农业部的有关专家及苏联专家一行40人,到海南岛考察橡胶和其他热带经济作物的种植生长状况。同年7月,竺可桢带领6名中国科学家,和苏联专家一起沿黑龙江而上。用整整一个月,对两岸的11个城市进行考察,提出了黑龙江水力资源开发的方案。1958年,竺可桢到新疆考察,乘坐越野车穿越茫茫戈壁,行程超过4000公里。1959年,为了在西北建立沙漠定位实验站,年近七旬的竺可桢先后四次到西北沙漠地区考察。从此,以中国科学院治沙队为主体的队伍开始了科学治理沙漠的工作。

在野外作业中,竺可桢一定随身携带4样物品:照相机、罗盘、气温表和高度表。他每到一个地方,首先拿出罗盘,定好方向;然后用高度表测量海拔高度;接着用气温表测量温度;最后用照相机拍摄植物生长状况和自然生态环境。流程顺序明确而完整,竺可桢一丝不苟地把所有情况一一记录下来,留作研究资料。

考察中,他常常忘了自己的年龄,身体力行,把个人安危置之度外。在黑龙江流域考察时,他进入杂草丛生的原始森林,不顾森林中扑面而来的蚊虫叮咬;在黄河的滚滚浊流中,他乘小船顺流而下,考察黄河流域土地被侵蚀的情况,有一次小船搁浅进水,一船人险些遇难;他和年轻的考察队员一起去川西高原勘察"南水北调"引水路线，不仅登上海拔4000米的高山，还下到又窄又深、随时都有可能发生泥石流和山体滑坡的谷底；在广袤的新疆考察时，汽车几次在茫茫戈壁滩上抛锚，有时还要在汽车里过夜，不仅要忍受巨大的温差，还要提防远处不时传来的阵阵凄厉狼嗥。

当年随同竺可桢参加科学考察的年轻人，如今都已是80岁以上的老科学家。对于当年和竺可桢一起进行科学考察的情景，他们仍难以忘怀。在那些艰苦的日子里，是竺可桢为他们树立了科学探索、不畏艰险的榜样，让他们看到一位认真求是的科学家对待科研工作的态度与精神，是竺可桢为他们指明了科学事业前进的方向。

走遍全国各地后，竺可桢的心情愈发沉重，本来就沉默寡言的他，看到各地生态环境遭到严重破坏，更加沉默不语。

他与其他科学家前往号称"天然植物园"的海南岛考察时，远远望去，好像身处华北干旱地区的荒山，山峦呈现出一片灰黄的颜色。这些都是乱垦滥伐的结果。当地除了椰子树和橡胶树，再也找不出比碗口更粗的树。

他和考察队来到神秘的云南西双版纳，这里的田野白天烟雾弥漫，夜里火光熊熊，令人触目惊心。大面积的盲目开垦，造成严重的水土流失。原来这里仍然延续着几千年前远古时期刀耕火种的耕作方式！

他们来到北国黑龙江时，发现这里与苏联境内的景致可谓天差地别：苏联境内有茂密的原始森林，林中动物成群，湖泊水光潋滟、水鸟翻飞；而中国境内的山放眼望去光秃秃一片，林中湖泊干涸。别无二致的自然条件、气候环境，却呈现出完全不同的自然景观。

他们来到河西走廊，以前铁路旁种植着红柳，如今红柳被大量砍伐，农民每年要砍去1000多万斤红柳。他们并不知道，红柳是这里的"保护神"。红柳是固沙植物，被砍掉后造成风沙肆虐，风沙不仅袭击农田和村舍，就连世界闻名的艺术宝库敦煌石窟也受到威胁。在兰新铁路沿线考察时，竺可桢在心里默默记下一个数字：每隔半小时，这里就有7辆卡车满载砍下的红柳呼啸而过。

他和考察队来到内蒙古的巴丹吉林、毛乌素沙漠，身处一望无际的大漠，他不禁想起那首著名的北齐民歌："敕勒川，阴山下，天似穹庐，笼盖四野。天苍苍，野茫茫，风吹草低见牛羊。"当时，这里还是水草丰美的大牧场。他对其他考察队员说："自然万物是互相制约、互相影响的，一旦破坏了自然界的生态平衡，森林被砍伐，草原被破坏，后果不堪设想。"说这席话时，竺可桢脸上是掩盖不住的担忧与惋惜。

考察回来后，竺可桢经常在各种场合呼吁各级政府重视生态环境，切勿乱垦滥伐，防止水土流失和土地沙漠化的加剧。

有一次，竺可桢在中国科学院院党组扩大会议上，进行了长达一个半小时的发言。他用考察收获的第一手资料，全面阐述了生态、资源对当时农业生产的意见，提出了改革农业生产方式的建议。

他在发言中指出，我国有近3000年的农业生产历史，作为人口最多的民族，汉族历来只注重发展农耕业，不重视畜牧业和林业。汉字中的"男"由"田"字和"力"字组成，足以说明在田地里劳作是古代男子的主要任务。这种劳作方式延续数千年，也引发了乱垦滥伐，引起大面积的土地沙化。黄土高原因开垦过度造成植被严重破坏、水土流失，给黄河中下游人民带来巨大的灾难隐患。

竺可桢在会上说："'前车之覆，后车之鉴'，我们的东北和内蒙古草原不能再重蹈黄河中下游的覆辙，草原地区应该成为牛、马、羊、骡的乐园。"他还说："森林的主要功能是保护山地，如果人们一味大面积开垦，必定造成严重的水土流失，肥沃的土壤会随风扬散，从空中飘浮到大海。"

还有一次，竺可桢根据自然资源综合考察的结果，在全国人民代表大会上呼吁开展自然资源保护工作，他说："要在全国范围内建立自然保护区，学习国外先进经验，实现大自然的生态平衡，使人与自然和谐相处。"他明确指出，年降雨量不足350毫米的干旱地区，坡度超过35度的山地以及大江大河的上游地区，应该绝对禁止开垦和砍伐,以保护这些地区的生态平衡。

他依据自己在野外考察获取的翔实资料,撰写并发表了《雷琼地区考察报告》《新疆纪行》《要开发自然必须了解自然》《让海洋更好地为社会主义建设服务》《向沙漠进军》等科普文章。这些文章说理深入浅出,内容生动丰富,分析透彻,《向沙漠进军》一文还被收录到中学语文教材中。

3. 物候"曲谱"奏新章

20世纪60年代初,针对气候变暖问题,气象学家、时任中国气象局局长涂长望在《人民日报》发表了一篇文章。这篇文章勾起了竺可桢埋藏在心底十几年的想法,那就是运用自己掌握的大量材料,论述世界气候的变迁。

1961年3月2日下午,竺可桢再次找出明末清初历史学家谈迁写的《北游录》来阅读。这本游记体的书记录了当时的地理、历史、气候、风土人情、物产等多方面的情况。

竺可桢最感兴趣的是其中关于气候情况的记录。清朝初期还没有气温表,但是书里记载的花开花落、江河封冻等许多物候现象却给后人留下了珍贵的史料记录。竺可桢

第七章 投身新中国科学事业

自己也记不清,这本书被他翻看了多少遍。

《北游录》里有这样一段记载:1653年7月底,作者从杭州出发,溯运河北上,11月7日到达天津,11月18日看到宽阔的海河开始结冰。两天以后,他又来到运河岸边,这时候运河的冰面已经相当坚固……

竺可桢一边看一边思索,突然灵机一动——如果把这本书中关于气候的记载一项一项地摘录下来,进行一番整理,对研究明清时期的气候变迁会很有意义。想到这里,他又从头读起,笔记本上留下了他摘抄的记录:

1654年4月8日,北京海棠未放;5月1日,在报国寺看海棠;11月2日,西山见雪;11月3日夜,有冰。

1655年……

摘抄完毕,他脑中的研究思路已基本成形——如果以物候来确定从古到今气候的变化,不仅需要掌握古代各地的物候,还需要熟悉今天各地的物候。

二三十年来,竺可桢通过阅读中外文献资料,积累了丰富的古代气候和物候的材料。1949年,他从杭州来到首都,从第二年开始,整整12个春秋,他始终坚持记录气候、物候的观测结果。

他走到书柜前,取出已经记了12年的日记,一页页地浏览,一页页地翻阅,一页页地摘抄,一字不落。摘抄过程中,一个新颖奇特的想法又浮上他的心头:自己做了十余年的物候观测记录,这是一份记录北京春天大自然进行曲的"曲谱",现在可以把这份"曲谱"整理出来,让大家一起欣赏大自然的奇妙变化。

一段时间后,"曲谱"整理出来了。在大自然这位"天才"指挥家的指挥下,北海解冻以后,山桃花、杏花、苹果花、海棠陆续开放;5月1日前后,柳絮随着轻柔的春风满城飞舞;当洁白的洋槐花从绿叶丛中探出笑脸时,北京短促的春天匆匆告辞,夏天接棒来报到。有了这张表,北京的物候情况一目了然;有了这份粗略的"曲谱",就可以衡量宋、元、明、清几个朝代北京物候"调子"的高低了。

整理好这份"曲谱"的第二天,竺可桢决定以十几年来积累的古今中外的气候变迁材料为依据,写一篇纵论世界气候变迁的论文。这就是发表在1962年第31卷第4期《气象学报》上的《历史时代世界气候的波动》一文。在文中,他写道:

历史时代气候有没有变迁,这是一个争论很久的问题,不但历史学家对这问题有争论,天文学家和气象学家的意见也是很不一致的。从19世纪到20世纪初期,欧洲的若干天文学家、气象学家,如法国的阿拉哥、德国的芳汉认为:二、三千年以来,欧亚大陆的气候根本没有什么变动。

所以一个地方只要有 30 年的记录，便可以认为这 30 年的平均气温和雨量代表这一个地方历史时期的气温和雨量的标准状况了。可是，近 60 年来世界各处气象记录的积累，物候的变迁，使得这种不辩证不合理的气候一成不变论完全被推翻了。

在文章的前半部分，竺可桢运用苏联、瑞典、埃及、美国、印度、日本等国科学工作者对各国史前时期和历史时期的气候状况的研究材料，说明古今世界气候的变动是普遍的而且具有一定的波动规律。文章的后半部分讲到我国的情况，竺可桢将物候表、运河冰封表、日斑与极光次数表等"曲谱"糅合到论文中去，成为论文有力的论据。

根据谈迁的记录，1654 年 5 月 1 日，北京报国寺的海棠花绽放。竺可桢的记录却是 1955 年是他到北京 12 年中最冷的一年，海棠花于次年 4 月 27 日开放。对比之后，可得出结论，300 年以前的清朝比 20 世纪 60 年代要冷。而大量事例的积累也说明，那种认为"气候一成不变"的说法是形而上学的错误观点。

竺可桢的这篇论文旁征博引，纵横比较，用翔实确切的数据证明了历史上气候的变化波动，为国民经济发展、人民生产生活提供了可信的指导。

4. 厚积薄发的《物候学》

众所周知，一年有春、夏、秋、冬四个季节，而季节的划分又有各种不同的方法。

根据地球围绕太阳转动的位置，一年能均匀地分成冬至、夏至、春分、秋分四个时段，称为天文季节。根据大气环流和气候要素划分的季节，称为气候季节。根据物候现象划分的季节，称为物候季节。物候季节的划分对农业生产具有十分重要的意义。

物候学和气象学是姊妹学科。气象学观测和记录一个地方的冷暖晴雨、风云变幻，了解气候变化的趋势和原因。而物候学是研究自然界的植物、动物以及环境条件周期变化关系的科学，它主要记录植物在一年中的生长荣枯、动物的迁徙，从而把握气候对动、植物的影响。研究物候学是为了认识季节变化的规律，为农业生产和气象学研究服务。

观测物候，在我国有着悠久的历史，古代许多史料中都有相关记载论述。而使物候学真正成为一门学科，竺可桢堪称开创者和奠基人。

早在远古时期，农民就根据他们观察到的自然现象，

第七章 投身新中国科学事业

划分制定出一年的二十四节气，后来口口相传，有了脍炙人口的"节气歌"：春雨惊春清谷天，夏满芒夏暑相连。秋处露秋寒霜降，冬雪雪冬小大寒。二十四个节气的划分直接表现了气候特征。但是，各地气候又具有其特殊性。这些节气概括的气候特征，仅适用于黄河中游地区，它既不能代表广阔的黄河流域的气候特征，更不能代表全国各地千差万别的气候状况。

为此，竺可桢认为，应在全国各地开展物候观测，然后依据这些观测结果，编制出各地的自然历，以做出不误农时的物候预报。

20世纪20年代初，竺可桢还在南京的东南大学执教时就开始观察并记录物候。从那以后，尽管四处迁徙，生活动荡不安，但每到一处，他仍在日记中坚持做物候记录：

1935年5月24日（杭州）

晨阴，有阳光。金丝海棠盛开，代代花多落，东面一枝正开。桐花落。

1942年3月29日（北碚）

油桐多已开花，温泉海棠将谢，山梅花盛开，今晚又闻杜鹃。

1948年3月28日（杭州）

院中迎春花尽落，柿树见芽，玉兰舒叶，桃花落尽。

……

在流离不居的日子里，竺可桢记录这些物候现象不是出于闲情逸致、借物抒情，甚至也不是为了搞研究。因为当时所处的社会环境和他个人的境遇都不具备搞研究的条件。他做这些记录更多的是出于科学家的行为习惯，对待客观事物真实记录的科学态度，以及对气象事业的认真和严谨。

新中国成立后，竺可桢一家定居北京，他的工作生活较为安定，于是开始对物候学进行系统深入的研究。

从1950年开始，竺可桢每天早晨上班前和下午下班后都会在北海公园出现。他早晨从公园的北门进去，从公园的南门出来；下午则从公园的南门进去，再从北门出来。日复一日，经年累月。如果哪天竺可桢没有到公园来，连公园的门卫都知道他到外地出差去了！

竺可桢坚持每天去公园，是为了定时定点观测物候。年复一年的冰融花开、絮飞燕来，每一个物候现象发生的时间、地点、特征，他都认真地记录在册。

观测物候，必须持之以恒，不能随意间断。竺可桢工作十分繁忙，除了中国科学院的工作外，还有许多社会兼职。最忙的时候，他的社会兼职达20多个。这一切毫无疑问地占据了他大量的时间，但无论多忙，他都没有中断过物候观测和记录。

日复一日地在早晚间漫步北海公园，竺可桢感受到了季节更替的细微变化。

初春时节的北海，坚冰开始融化，天空中有南来的雁阵。

仲春时节，榆树开花了，杏树开花了，玉兰开花了；红的红，白的白，阳光映照下更添美丽。空气中弥漫着丝丝甜味。看着这一切，竺可桢也神清气爽。

暮春时节，桃花谢了，杏花落了，枣树开始发芽，紫荆悄悄地开花，燕子叽叽喳喳地叫着，飞来飞去，衔泥筑巢。当布谷鸟的一声声啼叫响彻晴空时，初夏到来了。

乍看起来，这些观测琐碎、平凡、简单，但任何一项科学研究，都离不开这些看似平凡、简单、重复的工作。只有在这些日积月累起来的资料的基础上，才能进一步归纳、分类、综合、分析，得出符合客观规律的科学结论。

竺可桢后来在其重要的科研论文《中国近五千年来气候变迁的初步研究》中，根据宋、金时期著名道士丘处机在北京长春宫所作寒食节诗歌论述道：13世纪的北京，杏花在清明时节盛开；700年后的北京，杏花也在清明时节怒放。这个看似简单寻常的结论，是他经过严谨的科学考证和多年的物候观测才得出的。

1963年，竺可桢与宛敏渭合作出版了《物候学》一书，受到广泛欢迎和好评。这是我国第一部系统研究物候理论、物候知识以及物候学在生产实践过程中所起重要作用的专门著作。

该书的另一位作者宛敏渭是竺可桢的学生，也是一位专门研究物候学的专家。1931年他在南京的气象研究所研究班学习时，就开始跟随竺可桢进行物候学的研究。经历了30多年的人世浮沉，他都没有中断对物候学的研究，从而积累了大量的资料。

撰写《物候学》这部著作时，竺可桢负责我国古代的物候知识、世界各国物候学的研究和发展状况，以及物候学的定义等部分；宛敏渭负责应用物候学的有关知识、预告农时的方法和我国物候学研究的展望等部分。

竺可桢在书中引用了我国古代典籍《礼记·月令》中的记载，用现代汉语译述后形象地描绘了2000多年前我国黄河流域初春时节的物候状况：

这时太阳走进了二十八宿中的奎宿，天气慢慢地和暖起来。每当晴朗天气，可以见到美丽的桃花盛放，听到悦耳的仓庚（鸧鹒）鸟歌唱。一旦有不测风云，也不一定下雪而会下雨。到了春分前后，昼和夜一样长，年年见到的老朋友——燕子，也从南方回来了。燕子回来的那天，皇帝还得亲自到庙里进香。在冬天销声匿迹的雷电也重新振作起来，匿（蛰）伏在土中、屋角的昆虫，也苏醒过来，向户外跑的跑、飞的飞地出来了。这时候，农夫应该忙碌起来了，把农具和房子修理好。国家不能多派差事给农民，免得妨碍农田的耕作。

第七章 投身新中国科学事业

竺可桢在《物候学》中，十分注意语言文字的通俗易懂，他把古代的、外国的有关物候学的理论知识深入浅出地加以阐释，方便不同文化层次的读者理解和接受。

为了使书本知识真正运用到农业生产中，他还在书中运用农民的日常生活用语来说明问题。谈到物候学在生活中的应用时，他引用了我国北方普遍流传的《九九歌》：

一九、二九不出手。
三九、四九冰上走。
五九、六九沿河看柳。
七九河开，八九雁来。
九九加一九，耕牛遍地走。

这首《九九歌》中所说的"不出手""冰上走""沿河看柳""河开""雁来""耕牛遍地走"，都是北方随处可见的物候现象。这些现象生动准确地反映了我国华北地区的物候状况。

也许有人会问，在科学技术日益发达的现代社会，为什么不用现代化的手段，利用仪器仪表测出数据来指导农时，而要用传统的、古老的物候观测方法呢？

这是因为，物候是农作物生长所需要的许多条件综合作用的结果，客观反映了一定的时序关系。比如，我国华北地区流传一句农谚："枣芽发，种棉花。"我国四川地区流传一句农谚："菊花开遍山，豆麦赶快点。"显然，根据各地的物候特点制定出独特的物候历，是经年累月总结出来的，能简单便捷地指导农业生产。所以，竺可桢说：

  一个地区的物候历，只要一个普通农民受短期训练，从一小块地面上，持之以恒地进行观测，便可做出。对于预告当地一年四季的农时，就大有裨益。中国向来以农立国，贾思勰已在《齐民要术》中提倡物候历。……现在国家建设以农业为基础，各省市花费少量的精力，依据物候学和农业气象学的原则，做出符合本地区农产特点的物候历，就会对农业生产起到极大帮助。

  在竺可桢的倡议和推动下，经过多年努力，全国范围内建立起物候观测网，统一了我国物候季的划分，许多省、市、自治区都有了适用于该地区的物候历，对于指导和发展当地农业生产有重要意义。

5. 与毛泽东的"天地"谈

  童年在父亲米行里的见闻，让竺可桢对中国农民有一种深厚的感情。早在赴美留学专攻气象专业时，竺可桢就立志要用现代科学手段推动中国农业的发展，使中国农民从"人种天收"的境遇中挣脱出来。几十年来，无论做什么工作，他的科研工作始终围绕着这一伟大目标。

众所周知，一切植物的生长都离不开阳光、空气、水和土壤，也就是竺可桢所说的"植物生长所需的四大要素：日光、温度、湿度和土壤"。竺可桢的研究门类属于农业气候学，这门学科是研究日光、气温、降水、太阳辐射等大气环境物质与农作物之间相互关系的科学。

1964年左右，《科学通报》与《地理学报》先后刊载了竺可桢的《论我国气候的几个特点及其与粮食作物生产的关系》一文，在这篇论文中，竺可桢集中而深入地论述了气候学与农业生产的关系。这篇论文汇集了他几十年的研究成果，三易其稿，在公开发表前曾刊登在国家科学技术委员会编印的内部刊物《科学技术研究动态》第274期上。毛泽东看到这篇论文后，对竺可桢及其研究赞不绝口。

毛泽东出身农家，小时候在稻田里干过农活。如今，新成立的中国仍是一个农业大国，他十分清楚在一个人口数亿的国家，要想让人民吃饱穿暖，农业将要起到怎样关键的作用。为了保障农业发展，他亲自主持制定了"土、肥、水、种、密、保、工、管"的"农业八字宪法"，把农业田间耕作的诸多要素提高到如此高度，由此可见他对农业的重视程度非同一般。所以，当他读到竺可桢这篇关于中国气候与农作物关系的论文时，不禁产生了很浓的兴趣。

在这篇论文中，竺可桢阐述了太阳辐射总量、温度和雨量对粮食生产的具体影响。

在自然界中植物的叶绿素通过光合作用能吸收空中的二氧化碳，使之与从土壤中所吸收的水分化合而成有机质碳水化合物，一切动物和人类赖以滋生。人类粮食的大部分也是碳水化合物。叶绿素创造碳水化合物必须经太阳辐射能的光合作用，而太阳辐射能是因时因地而异，这是一个最基本的气候因素……在地面上的太阳辐射能要看太阳在空中位置的高低，空气的清浊与云量的多少不同。一般说来，纬度愈高，太阳辐射能的年总量也愈小。……植物叶绿素之所以能制造各种碳水化合物，其能源全靠日光辐射能，从一个地方年总辐射量可以初步推算每公顷或每亩地上在假定理想状况下所能产生的农作物总量……

温度是影响农作物生产重要因素之一。农业上称各地方从一年霜冻终结时日到霜冻开始时日为农作物生长季节。我国古代农历的二十四节气中，在春初有雨水、惊蛰，在秋天有寒露、霜降，均显示着温度对农业的重要性……粮食作物如小麦、水稻对温度也极敏感，而幼苗尤甚。各地区冬小麦与春小麦播种期统有一定期限，错过时期，播得过迟或过早，就会影响收获……

全世界稻米产量几乎全部集中在东亚和东南亚季风

区域。在 1934—1938 年，东亚、东南亚的水稻产量占世界总产量 96%……所以如此，季风区域夏季有高温和充沛雨量是一个重要因素……在我国，影响农作物收获，雨量的关系比温度更为重要。自古以来农民只希望"风调雨顺，人寿年丰"。丰年就要靠雨量的适时。……我国处在东南亚季风区域，季风气候的一个特点是雨量集中在夏季温度高的时期……但同时季风气候也带来一个巨大缺点。因为季风区域冬季风和夏季风一年作一度的交替，冬季风时期，一般干旱无雨，夏季风的时期潮湿多雨，干旱与潮湿季节极为分明……夏季风来临和退却时期的或迟或早形成雨量的或少或多，这样便使季风地区雨量年变率常较其他区域为大，这是季风气候的一个缺点。

竺可桢最后从气候资源对重要粮食产物如小麦、水稻产量的影响角度，提出 9 条建议。这些建议从气候、地域着手，具体情况具体分析，对华北、沿海、新疆、东北、内蒙古、西北、西南等地的农业生产做了针对性的方案。

读完竺可桢的这篇论文，毛泽东为我国出现了这样一位优秀的气象专家而兴奋。他点燃一支烟，在屋里来回踱步，沉思中露出微笑，随后他让秘书通知中国科学院，请竺可桢到中南海来。他要与他面谈，同时被邀请的科学家还有李四光和钱学森。

1964 年 2 月 6 日，农历腊月二十三，按照传统习俗，这一天是过小年祭灶的日子。由于前些天北京下过小雪，地上的积雪还没有完全融化。中午，竺可桢和夫人陈汲一起到全国政协餐厅吃午饭，回到家后他正打算坐下来读书，这时，电话铃声响了起来。中国科学院转中央办公厅电话通知他，毛泽东主席请他到中南海住处谈话。

汽车稳稳当当地行驶在残留积雪的路上，近处的北海大桥银装素裹，远处的西山白雪皑皑，横卧天际，像一幅壮丽的剪影。汽车进入中南海后，工作人员迎上前来，引导竺可桢走到毛泽东的住处。

毛泽东住在中南海的"菊香书屋"，那是一处不大的院落。院子里植有松柏，前院是警卫人员的住所，毛泽东住在后院。

毛泽东的住所外间是书房，书架上密密排列摆放着古今中外各类书籍，其中最引人注目的是那些蓝布封套装的古老线装书。许多书中还夹着只言片语的纸条，那是毛泽东读后做的记号，以便日后查阅。

毛泽东的卧室陈设很简单，一张大木床几乎占去房间的一半空间，床头和床边摆放着一摞摞书，这样不管他是坐是卧，都可以随手拿到想看的书。

竺可桢进入时，床前早已摆好了三把椅子，毛泽东坐在床上和竺可桢握手，然后请他坐下，并笑称他那篇《论我国气候的几个特点及其与粮食作物生产的关系》写得不错。

第七章 投身新中国科学事业

毛泽东边说边指了指床头柜。竺可桢看到床头柜上摆放着自己的论文,上面还有毛泽东用红蓝铅笔画出的记号,他连忙谦虚回答道:"这篇论文提出了一些问题,但是还不够成熟。"

毛泽东说:"能提出问题就很好嘛!'农业八字宪法'的土、肥、水、种、密、保、工、管,都是只管地不管天。你的这篇论文内容,倒正好是管天的。"

竺可桢听了毛泽东风趣的话语,笑道:"天有不测风云,不太好管。"

毛泽东笑着点燃一支烟,问竺可桢抽不抽烟,竺可桢摇摇头婉拒了。他端起工作人员泡好的茶,轻轻啜了一口,龙井的清香沁人心脾。这一年来,他的听力有些衰退,常常为听不清别人的话而暗自着急。奇怪的是,这天毛泽东的湖南话他倒是句句都听得真切,不可谓之不奇。

毛泽东徐徐吐出一口烟,惬意地说:"我们两个人,既管地,又管天,这样就把天和地都管住了。"

竺可桢禁不住笑起来,对毛泽东说:"'农业八字宪法'虽然没有明确显示气候因素,但气候因素却贯穿了所有八个因素的方方面面。因为农业生产不仅要因地制宜,还要因时制宜。"

毛泽东轻轻弹了弹烟灰,沉思片刻道:"我看'农业八字宪法'可以加上'光'和'气'两个字。"

竺可桢见毛泽东如此重视自己论文中的观点,连忙解释道："在自然界中，植物的叶绿素通过光合作用吸收空气中的二氧化碳，使之与土壤吸收的水分结合，成为有机碳水化合物。"

"人类的粮食大部分是碳水化合物。"毛泽东点点头说，"植物叶绿素之所以能够制造各种碳水化合物，全靠日光辐射能。"

竺可桢继续展开论述："从一个地方的年日光辐射总量，可以初步推算出每亩土地在理想状态下能够产出的农作物产量。我国太阳年总辐射量丰富，在'农业八字宪法'的相应兼顾之中，提高辐射量的利用率，增加农作物的辐射次数，这样就能提高我国农业的单位面积产量……"

就在毛泽东和竺可桢热烈讨论的时候，地质学家李四光和物理学家钱学森也进到屋里。毛泽东风趣地说："今天人才济济，可算齐全。"他握着李四光的手，笑着说："你是研究如何下地的。"

李四光点头道："我是搞地质的，所以要下地。"

毛泽东又笑着对钱学森说："你是研究如何上天的。"

钱学森自豪地答道："是的，我们研究的导弹要上天。"

毛泽东又转过身来对竺可桢说："你是观察大气环流的。"

竺可桢顿时领悟了毛泽东同时和他们三人会面的目的，

第七章 投身新中国科学事业

不禁失声笑道:"我们三个,一个地下,一个天上,一个空中,真是齐全了。只是我觉得目前贡献得太少,辜负了主席的重托。"

毛泽东请他们坐在床前,四个人从古至今,上天入地,海阔天空,无所不谈。比如地球形成初期的情形、煤和石油的演变过程、动植物的进化、造山运动和冰川作用、地质年代和历代气候变迁……毛泽东还从哲学的高度谈论了宏观世界和微观世界、电子和反电子的辩证法。

李四光向毛泽东报告了最新的铀矿勘探发现,听到这个消息,竺可桢和钱学森也十分振奋。

毛泽东又关切地询问反导弹系统的研究进展,并嘱咐钱学森立即组织一个班子,着手展开这方面的研究。

在融洽的谈话中,时间飞快地流逝,不知不觉已经是下午3点了。由于毛泽东工作繁忙,三位科学家便起身告辞。毛泽东站在卧室门口和他们一一握手道别,并嘱咐他们一有新作,要及时送给他看。

第二天,竺可桢找出自己写的《历史时代世界气候的波动》和《物候学》两部著作,请中国科学院转交给毛泽东。

这次约见,毛泽东向三位科学家了解并与之讨论了一些科学问题,也向三位科学家发表了自己对许多重大科学问题的意见。他热切地希望三位科学家为攻克科学技术尖端课题、发展中国的科学事业贡献自己的才能,74岁的竺可桢受到很大鼓舞。

6. 古稀之年的新党员

竺可桢一生经历过封建时期，也经历了军阀割据和国民党统治时期。作为一位饱经忧患、出淤泥而不染的科学家，他一直坚持科学救国的信念。他对国民党的认识从最初的充满希望到后来的怀疑，直至最后彻底失望并拒绝随国民党撤退至台湾。新中国成立后，社会面貌及经济建设的巨大变化，增进了他对中国共产党的认识和感情，使他逐步从爱国的民主主义知识分子转变为共产主义者。

正因为如此，无论是社会上的风风雨雨，还是家庭遭遇的不幸和伤痛，都没有动摇竺可桢对社会主义和共产党的信念。这种信念同时也支撑着他在科学事业上为国为民做贡献。

竺可桢坚定地相信，新中国各项事业的胜利，特别是科学事业的发展，是中国共产党领导的结果。他认为，只有加入中国共产党的队伍，把党的事业和科学事业紧密结合起来，才能更好地发展中国的科学事业，实现自己平生的愿望。

1962年6月4日，中国科学院办公厅秘书处党支部举行党员大会，讨论并通过了竺可桢要求加入中国共产党的申请，吸收他为中共预备党员。这一年，竺可桢已是72岁高龄。

在《入党志愿书》中，竺可桢认真细致地写了一份近2万字的自传。他回顾了自己思想变化的过程，谈到自己人生观的形成明显受科学救国、贤人政治、个人奋斗主义和人性本善这些资产阶级民主主义思想的影响。而新中国成立以来，中国大地上日新月异的巨大变化使他认识到，只有社会主义才能救中国，只有共产党才能救中国！

竺可桢的入党介绍人是时任中国科学院党组书记张劲夫和院机关党委书记郁文。

在支部大会上，郁文简要介绍了竺可桢的情况，接着，竺可桢宣读自己的《入党志愿书》。随后党员们在讨论中纷纷表示：竺可桢的道路，是一个爱国知识分子不断探求真理的道路。他在外国求学时以国家需要为重，回国后不仅开创完善了国内气象研究工作，还在浙江大学培育高等教育人才，保护爱国学生。特别是新中国成立后，竺可桢担任中国科学院的领导，把自己的一切都献给中国的科学事业。他博学多识，克己奉公，生活俭朴，关心中国的科学事业胜过关心一切，关心人民群众胜过关心自己和亲人。

事实正是如此，竺可桢一向严格要求自己，也不允许自己的子女和亲属有出格举动，要求他们自食其力、艰苦朴素。他的子女和亲属从未享受过任何特殊照顾。

抗美援朝时，他将存在美国用来购买外文书刊的5000美元全部捐献给国家。

新中国成立后,组织上曾给竺可桢安排了一个警卫员,但他认为自己不需要,便常常让警卫员去帮助别人。他得知警卫员来自农村、文化程度很低,还给他买来书本纸笔,教他学习文化知识。

这次党支部邀请了许多党外的著名科学家来参加竺可桢的入党大会,包括吴有训、华罗庚、严济慈、尹赞勋等人。他们在会上各自发言,向竺可桢表示祝贺,并表示也要争取早日加入中国共产党。吸收竺可桢入党,对于加强中国共产党与广大知识分子,特别是著名科学家的联系起了重要作用。

为祝贺竺可桢加入中国共产党,成为无产阶级先锋队的一员,中国科学院院长郭沫若即兴填词一首:

　　　　雪里送来炭火,
　　　　炭红浑似熔钢。
　　　　老当益壮高山仰,
　　　　独立更生榜样。
　　　　四海东风骀荡,
　　　　红旗三面辉煌。
　　　　后来自古要居上,
　　　　能不发奋图强?

竺可桢入党后,坚信自己已是无产阶级的一员,应该更加严格要求自己。他在南京珞珈路有一幢小楼,是他在抗日战争爆发前通过银行贷款的方式修建的。新中国成立后，竺可桢在南京工作的子女住在里面。为表示决心，竺可桢决定不保留任何个人名义下的财产，坚决要求把这幢楼房捐献给国家。他对住在这幢楼房中的儿女说："你们现在没有住处，仍可以居住在这里。但是，你们住几间，就要按国家的规定向有关部门逐月交纳几间的房租。"后来，他又把自己在绍兴的老宅捐献给国家。

1965年4月2日至23日，中国科学院党组组织院里的几十位科学家前往山西省洪洞、曲沃、阳泉等地，考察那里的"四清"工作，竺可桢担任这支考察队的队长。"四清"运动是当时遍及全国农村的社会主义教育运动。在考察中，竺可桢以一名党员、科学家的热忱，以对党的事业的高度责任感和科学家理智清醒的头脑、实事求是的精神，敏锐地发现了当时中国农村存在的问题。

在山西省洪洞县万安镇，竺可桢记下这样一组数字：

> 万安镇共有4000人，这里的姑娘十六七岁就结婚，仅1964年，全镇出生人口400人，人口增长率高得惊人，达到10%。而在粮食分配中，基本口粮按人头分配，占分配量的80%，工分粮食的分配却只占20%。在此分配过程中，年纪不论大小，基本口粮平均分配。这样一来，壮劳力多而小孩子少的人家，虽然贡献多、出力多、挣工分多，但却不能多劳多得，因此缺粮。而那些劳力少而人口多的人家，反而能多分粮食。

竺可桢认为，这样的分配政策客观上起到了鼓励生育、奖懒罚勤的作用。

在考察中，竺可桢还发现，工业品价格过高而农产品价格过低，这样的价格差不利于促进农业生产的发展。

在万安镇公社，竺可桢对公社干部和参加考察的科学家谈了自己这次来农村的感受和认识，直言不讳地指出农村人口增长速度过快和农业生产中存在的问题。他向当地干部主张兴修水利，除了种植小麦等粮食作物外，还应因地制宜地多种一些核桃、葡萄等经济作物。

竺可桢当时提出的观点，在时隔几十年后的今天看来，依然有许多可资借鉴、学习之处。这也正说明竺可桢在科研考察中的扎实与前瞻性，以及他对中国农业生产的准确认知与实务指导。

7. 一生锻炼不辍

竺可桢早年在澄衷学堂读书时就意识到，没有好的身体就无法承受紧张的学习生活，将来更无法担负繁重的工作任务。经过不懈努力，他不仅从一名体质瘦弱的学生变成学校"智体并重"的榜样，而且从此与体育结下不解之缘。他的这一良好习惯保持终生。即使在抗战中迁居贵州

第七章　投身新中国科学事业

山区的那些艰苦日子里,他也坚持每天至少锻炼一个小时。遵义有山有河,他就因地制宜,或爬山,或游泳。他在担任浙江大学校长期间,规定在校学生每学期必修体育课,凡体育不及格者,一律不能升级、毕业。

担任中国科学院副院长后,他更忙了,但还是天天坚持锻炼身体。有一次,竺可桢从北京到广州出差,火车行驶了一夜,天亮时停靠在一个小站上,竺可桢迅速下车,找到一个人少的角落做起了广播体操。一套广播体操做完,他看看表,用了五分钟时间,离开车还有三分钟。当同行的人还在焦急地四处寻找他时,他已回到车厢。刚刚坐稳,火车就开动了。

多年后,竺可桢的秘书回忆往事,他清楚地记得,头一次见到竺可桢,刚交谈没几句,竺可桢就问他:"你会游泳吗?"

秘书回答:"不会,但是喜欢。"

竺可桢和蔼地说:"你应该学会游泳。"

即使在数九寒冬,竺可桢也坚持游泳。这一点感染了秘书,他很快也成了一名游泳爱好者。

"身体是革命的本钱",竺可桢认为,为了做好工作,进行体育锻炼是不可缺少的。有人曾经好奇地问过他:"您多少岁才停止运动?"他扬扬手回答:"我60岁才停止打网球,70岁才停止滑冰,76岁才停止游泳。"

竺可桢的一生,始终科研活动与体育锻炼同时进行。

173

即使不做剧烈运动,他也每天见缝插针地做广播操、打太极拳、散步,这些健身活动使他在科研工作中保持精力充沛、头脑清醒。正因为如此,他的工作才能屡有收获;正因为如此,他的科学研究才能够长久地坚持。

有一年,他去上海参加一个会议。会议开始前,一位负责同志找来大会工作人员,要交给他一个任务。

"什么任务呀?"工作人员如丈二和尚,摸不着头脑。

"先问问你,会不会游泳?"

"会呀。"工作人员莫名其妙,心想又不是举办运动会,难道有什么与游泳有关的任务吗?他看领导问得郑重其事,不免有些紧张。

"是这样的,竺老也来参加会议,他很喜欢游泳,如果他提出要去游泳,你就陪他一起去,保证不能出事故。"

工作人员一听,原来如此,顿时松了一口气,心想:会程安排这么紧张,竺老又那么大岁数,不可能还去游泳吧!

谁知,竺可桢完全出乎他的预料,不仅在会议间隙提出要去游泳,还去了不止一次。

还有一年,竺可桢和家人一起去北戴河休养。一天,他头戴一顶麦秸草帽跃进大海,向深处游去,眼看他离岸边渐渐远了,见不到人影,只剩一顶淡黄色的草帽在蓝色的海面上浮动。不熟悉竺可桢水性的人不禁担心起来,问他的家人是不是出了问题,怎么只见草帽没有人?他的家人却很坦然，轻松地对旁边的人说："他在大海中劈波斩浪，已经到了'胜似闲庭信步'的程度，不会出问题的。"果然，过了一会儿，竺可桢安全"返航"。人们连声称赞，纷纷表示佩服。

竺可桢不仅自己热爱体育锻炼，也经常教育亲人和朋友要重视锻炼身体。

中国科学院举行运动会时，他总是亲自主持开幕式，号召科研人员努力锻炼身体，不断增强体质，为科研工作的顺利进行加一道"保险栓"。

酷似他的次子竺衡四五岁时就被他带到游泳场去。当时孩子年幼且胆小，不敢下水，他想出个巧妙的办法：让孩子抓住他的背带式游泳裤的背带，带着孩子下水，帮助孩子熟悉水性。渐渐地，孩子爱上了游泳，后来还在业余游泳比赛中夺得过杭州市的第一名。

晚年的竺可桢在北京定居。一次，他的外孙女因病休学，在他家里养病。他不像一般长辈对待晚辈那样，只是一味地疼爱，而忽视问题的解决。有一天他下班回来，从提包里取出一样东西放在外孙女面前。外孙女一看，是溜冰鞋！她表现出老大的不情愿，一则自己不会滑冰，二则就是会滑，这个病恹恹的身体也吃不消呀！竺可桢看出了她的心思，循循善诱道："你看，身体不好，就失去了革命的本钱，党交给你的学习任务也不能完成。养病要积极地养，不能只是被动地休息和吃药，要靠锻炼改善体质。"

这以后，他经常把外孙女带到冰场上，一点一点地教，从易到难，逐渐加大活动量。经过一段时间的锻炼、休息和治疗，外孙女恢复了健康。

到 1966 年，竺可桢已经是 76 岁高龄，仍然能带领年轻的科研人员翻山越岭，到野外做科学考察。他精神抖擞，步伐豪迈，常常不自觉地便走在队伍前面。年轻的科研人员见状都竖起大拇指说："竺老真是老当益壮，比我们身体还好！"而这正是竺可桢一生坚持锻炼的成果。

第八章 熠熠生辉的科学精神

生命不息，奋斗不止，竺可桢把自己的一生献给了祖国，献给了气象事业。他的求是，他的执着，都来自一个精神源头：我只是一个拓荒者，我无悔于当初的选择，气象事业就是一切的支点——为此生，为此死。

1. 坚持不懈实地观测

新中国成立初期，竺可桢一家搬进北京东城的一座院子。很快，周围邻居家的孩子们都知道了：慈祥和蔼的竺爷爷是个爱花的人。

一个春光明媚的中午，温暖和煦的阳光洒满庭院。院墙旁的一株杏树泛出一片淡淡的粉红，仿佛从天而降的云霞。竺可桢从外面回来，一眼看到杏花开了，立刻走近杏树，数了数，已经有四朵不同程度绽开的粉红色的花朵了。

这时，一个女人领着她的孩子走近前来，孩子开口问道："爷爷，您又看花呢？"

"是啊，杏花开了。"说着，竺可桢走到那个孩子面前，问孩子杏花是哪一天开的。

"哪天？今天开的。"孩子被问得有些奇怪。

"我是问第一朵杏花是哪天开的？"竺可桢含笑补充了

第八章 熠熠生辉的科学精神

一句,孩子歪头思考,回答不上来了。他不明白,为什么竺爷爷要知道第一朵杏花什么时候开。

竺可桢告诉他,知道这个是有用处的,并和孩子约定第二年留心观察,把第一朵杏花开的时间记下来。

冬去春来,转眼又是一年,春风吹绿了柳梢,吹绿了小草,吹皱了河水,吹鼓了杏树的花苞。这一天,竺可桢正在书房里看书,突然听见窗外传来孩子稚嫩而兴奋的声音:

"竺爷爷!竺爷爷!"

竺可桢赶忙走出书房,原来是前院的那个孩子。

孩子看见他后,激动地说:"竺爷爷,杏花开啦!"

"你知道是什么时候开的吗?"

"就在刚才!"

"是第一朵吗?"竺可桢被孩子的热情感染了,声音也变得充满活力。

"是!"孩子回答得十分响亮。

竺可桢顷刻间像年轻了几十岁,他兴冲冲地快步走到杏树旁。阳光下的杏树果然绽开了第一朵杏花。

竺可桢回到书房,打开笔记本,郑重地记下这个日子,恰好就是清明节。

不仅是同院的孩子,竺可桢自己的子女也是他的"义务观测员"。

一个星期天,在化学研究所工作的儿子竺安回家看望父亲，只简单交谈了几句生活工作上的琐事后，话题就转到父亲朝思暮想的物候观测上。这时，竺安想起他们所院子里的杏树开花了，忙告诉父亲。

"哪天开的？"竺可桢问道。

"最近这两天吧。"竺安记不清具体日期，只给出模糊的时间段。

"我需要的是精确的时间。你现在也搞科研工作，我们不能用'大概''可能''估计'这类字眼，也不能用估测和推断来代替实际的观察。这是一个科研工作者最基本的工作方法和要求。"

第二年，竺安下乡工作，去的是山区。春天来临时，山坡披上了桃树、杏树织就的绿纱。竺安想起父亲的教诲，在紧张的工作之余，每天都走到村外看看杏树是否开花了。一天，两天，三天……终于，第一批杏花的花骨朵绽放开来。他记下这个日子，而后写了一封信寄给父亲。竺可桢看信后，对儿子的做法很满意，并把时间记下来，这一天又是清明节。

在竺可桢的笔记本中，密密麻麻记载着他每年用各种方法观察各种动植物的变化得到的结果。天气转暖时，燕子从遥远的南方回到北方，他记下这个日子；大雁排着整齐的行阵向北京人民告别南去，他也记下这个日子。青蛙鸣、金蝉叫、蜜蜂飞、蝴蝶舞，他都做过详尽的记录。竺可桢坚信，花草树木、燕子布谷，都是帮助人们做物候观测的活仪器。

有一年，竺可桢随一个代表团到莫斯科去考察访问。到达那里的第二天，他听到布谷鸟的鸣叫声，而且发现当地的布谷鸟每次鸣叫都只叫两声。当天，他把这个发现记在笔记本上。

还有一年，已经进入麦收时节，按照竺可桢前几年观测的记录，布谷鸟已经迟到了几天。他像盼望一位小客人一样，焦急地等待它的光临。后来，他担心自己太忙，错过了布谷鸟的"歌声"，于是问妻子听到布谷鸟的叫声没有。

妻子肯定地回答："没有。"

"你最近帮我听一下，一定要把时间记下来。"

两天后，蓝天上一只布谷鸟飞过，放开歌喉"高唱"："布谷——布谷——快快布谷！"

当天下午，竺可桢一进门，妻子迫不及待地告诉他"小客人"光临的喜讯。竺可桢喜盈盈地回答："我也听到啦！"

从这些事例可以看出，物候观测是一项需要长期坚持的科学工作，必须有非凡的毅力。初看起来，这些观测太平凡，没有高深的理论，没有精密的仪器，只是日复一日地密切观察生活中动植物的变化。但就是这些简单、重复的工作让人类正确而科学地认识自然成为可能。竺可桢从这些积少成多、聚沙成塔的资料中归纳、分类、综合、分析、总结出于国民生产、人民生活有益的建议，真正使他的科学研究从实际生活中来，又回归到实际生活中去。

2. 善用古代典籍方志

竺可桢的研究涉及地理、天文、气象、地震等多个方面，而他花费心血最多、成就最大的是对我国历代气候变化的研究。他一生都在研究这一课题，即使在动乱年代也从未间断。

竺可桢还在南京的东南大学地学系教书时就开始研究我国南宋时期的气候。在掌握了南宋时期的气候特点后，他不满足于现有的研究，进一步扩大研究领域，发现中国古代各个历史时期的气候都很有研究价值。后来，他在《东方杂志》上发表了《中国历史上气候之变迁》一文。

新中国成立后，竺可桢再次扩大了研究领域，把中国古代各个历史时期的气候变化扩展到整个世界不同历史时期的气候变化。他在《光明日报》上发表论文《历史时代世界气候的波动》，并被《人民日报》和《气象学报》分别转载。在这篇论文中，他阐述了20世纪上半叶气候开始变暖的事实，又描述了全世界不同历史时期各国水旱寒暖波动的过程。他以中国历史气候变化记录与欧洲历史气候变化记录相比较,发现我国17世纪后半叶的寒冷期与欧洲的小冰期是一致的。

这以后的12年间,竺可桢科研不辍,在日益深入全面的研究成果的基础上,他发现了中国历史气候变迁的规律。中国几千年的历史记载典籍中,与气象有关的史籍浩如烟海。为了从中找出可以佐证的材料,竺可桢对这些史料一一甄别、挑选、分析,经过无数次的反复研究、前后对比,以科学家的探索求是精神证明了自己关于气候变化的论点。

在研究过程中,竺可桢经常采用多种证实的方法。

他在早年写作《南宋时代我国气候之揣测》《中国历史上气候之变迁》时,通过对史料中某地的终雪日期与如今此地的终雪日期做比较,间接证明我国气候的历史变迁。

新中国成立后,竺可桢又采用另一种研究方法,即以实际观测记录进行论证,这一方法集中体现在《中国近五千年来气候变迁的初步研究》一文中。

他整理研究了上海、天津和香港三个地方的观测记录后,发现我国历史上的气候不仅在变化,而且随着纬度的增高,变化越来越明显。他指出,上海有90年左右的气温记录历史,从这些记录中可以看出,温度最低的是19世纪最后25年,气候十分寒冷;温度最高的是1940年。上海的气候一直在变化,其趋势大约是在平均数的上下摆动,幅度达0.5℃或1℃。他把这一研究结果与当时英国、挪威、丹麦等欧洲学者的研究结果相对照,除了前后时序上有些差别外，总的变化趋势是一致的。由此他得出结论：从世界各国不同历史时期的气候状况来看，气候的波动是全世界性的，而且其波动具有一定的规律，既不是一成不变，也不是作直线式的下降或上升。

在诸多研究方法中，利用古代典籍和方志中的有关记载来研究我国气候历史变化，是竺可桢最富于独创性的研究方法。

20世纪60年代以来，各国地球物理科学家都把研究重点放在对古气候学的研究上。地球物理学界曾举行过三次关于古气候学的国际会议，但在这几次会议上，更多的学者都将注意力集中在对地质时代气候的研究上，因为世界各国的历史文献中都缺乏天文学、气象学和地球物理现象的可靠记载。所以，只有少数科学家对历史时代的气候进行研究。竺可桢注意到这一现象，而且他发现，中国在这方面的典籍材料是最丰富的。"在我国的许多古文献中，有着台风、洪水、旱灾、冰冻等一系列自然灾害的记载，以及太阳黑子、极光和彗星等不平常的现象的记录。"他想，只要集中并充分利用中国的历史文献，认真研读其记载以及多年的考古发现，就可以从中探索出我国近5000年来的气候变迁。

在文献研读时，竺可桢不仅细读历代官方史书记载，还找来许多地区的地理志方志，以及个人日记和旅行报告等。经过研究，竺可桢把我国5000年的历史分为四个时期，分别是：

第八章 熠熠生辉的科学精神

第一时期：考古时期（约公元前 3000—前 1100 年）。

第二时期：物候时期（公元前 1100—1400 年）。

第三时期：方志时期（1400—1900 年）。

第四时期：仪器观测时期（从 1900 年开始）。

对于考古时期的气候研究，竺可桢主要依据许多重要的出土文物和考古文献。河南安阳殷墟出土了很多甲骨文龟板、骨片，竺可桢经研究发现，许多记载都与当地气候有关。十万多件甲骨文龟板、骨片中，有数千件与求雨或求雪有关。在能确定日期的甲骨中，竺可桢对它们进行分类，其中有 137 件的内容是祈求雨雪，14 件记载降雨。这些记载并不集中，而是分散于全年，但最频繁的是在一年中非常需要雨雪的前五个月。竺可桢反复研究推敲这些甲骨文和历史文献后指出："当时安阳人种稻，在第二个月或第三个月，即阳历 3 月份开始下种；比现在安阳下种要到 4 月中，大概早一个月。"这说明，那时的气候比现在要暖和。

长达 2500 年的物候时期是我国历史上的西周到明初。西周时期官方比较重要的文件先是铭铸在青铜器上，后来又刻写在竹简上。而竹简上刻的许多汉字中如衣服、帽子、器皿、书籍、家具、建筑、乐器等名称多以"竹"为头，表明这些东西最初都是竹制的。由此，竺可桢假设周朝初期的气温可以使竹子类的植物在黄河流域广泛生长，而现在却不再有这种景象，因此，他得出结论：西周早期黄河流域的气候比现在暖和。

竺可桢研究当时的文献后又发现，《竹书纪年》上记载：周孝王时，长江支流汉水六年间曾两次结冰。这种寒冷的气候持续了一两个世纪。到了春秋时期，气候转而变得暖和了。据专门叙述春秋时期史实的《左传》记载，山东鲁国的冬天，专为国君采冰的冰房里却没有冰，而竹子、梅树这些亚热带植物却在《左传》《诗经》中多次出现。到了战国时期，黄河流域的气候依然很温暖，竺可桢引用了荀子的话："今是土之生五谷也，人善治之，则一岁而再获之。"所谓"再获之"，就是田里的庄稼一岁两熟。荀子生于现在河北省南部，大半时间在山东生活工作，而他提到的这种现象如今只有在我国南方才可能发生。由此可见，西周时期存在的温暖气候，在不同的历史阶段又有新的变化。

到了秦和西汉时期，气候继续保持温暖。秦代吕不韦编的《吕氏春秋》中就记载了不少物候资料。西汉司马迁在《史记》中记载："蜀汉江陵千树橘……陈夏千亩漆，齐鲁千亩桑麻，渭川千亩竹。"由此可见，当时亚热带植物，如橘、漆、桑、竹等都能在靠北的江陵、陈夏、齐鲁、渭川等地繁茂生长。

到了东汉以至三国时期，气候又逐渐变冷。竺可桢指出："东汉时代即公元之初，我国天气有趋于寒冷的趋势。有几次冬天严寒，晚春国都洛阳还降霜降雪，冻死不少穷苦人民。但东汉冷期时间不长。"他引用了《三国志·魏书》中对魏文帝曹丕在225年活动的记载："……到淮河广陵视察十多万士兵演习，由于严寒，淮河忽然冻结，演习不得不停止。"广陵，即今江苏省扬州市，典型的江南气候，但根据《三国志》记载，这是第一次有记载的淮河结冰，可见那时的气候已比现在寒冷。竺可桢又根据《晋书·五行志》指出，寒冷的气候到3世纪后半叶，尤其是公元280—289年的10年间达到顶点。366年，渤海湾从昌黎到营口连续3年全部冰冻，冰上甚至可以来往车马及三四千人的军队。这一切足以证明当时的气候很冷，且一直延续到西晋、东晋和南北朝，也就是6世纪末。

隋唐时期，中国的气候又变暖了。竺可桢根据大量古代典籍中记载的西安种植梅树、柑橘的事例及杜甫、元稹等人有关物候的诗词记述总结出唐代气候的和暖以及对农业种植的影响。

竺可桢还通过对比北宋诗人林逋、苏轼的咏梅诗得出唐宋两代气候温寒的差异。南宋时期，由于金人入侵，宋都城由开封迁往杭州，寒冷的气候仍在继续。竺可桢引用元代陆友仁《砚北杂志》上的记载论述道："公元1111年第一次记载江苏、浙江之间拥有2250平方公里面积的太湖，不但全部结冰，且冰的坚实足可通车。"12世纪，寒冷气候同样流行于中国华南和西南部。

方志时期，与我国历史中的明清时代大致相当，前后历时500年左右。

前人记载所提供的太湖、鄱阳湖、洞庭湖、汉水、淮河结冰年份，以及关于东南沿海亚热带地区降雪落霜年份的统计，是竺可桢对这一历史时期气候变化进行研究的依据。这些地方志对于一个地区的气候提供了很可靠的历史资料。在与其他地区的横向对比及历史时间的纵向分析研究的基础上，他得出结论：在这500年中，我国的寒冷年数不是均等分布的，而是分组排列……以17世纪为最冷，共有14个严寒冬天；19世纪次之，共有10个严寒冬天。这一结论在20世纪80年代又一次被竺可桢的后继者的研究结果所证明。

竺可桢首创运用古代典籍、史书及诗词中所载物候材料进行古气候研究的方法，行之有效。为了得到那些有价值、经得起验证的材料，竺可桢对卷帙浩繁的古代典籍文献做了无数次的梳理和选择，去粗取精，充分体现了他在科学研究中坚忍不拔、严谨求实的精神。他给我们留下的不仅是宝贵的科学资料，还有对科学认真务实的态度和对知识的探索精神。

有一次，竺可桢查阅到唐代诗人钱起的诗作《赠阙下裴舍人》，诗的首联写道："二月黄莺飞上林，春城紫禁晓阴阴。"诗中有时间，有地点，有黄鹂鸟，这正是竺可桢需要的有关古代物候的材料。可是，再细细一推敲，竺可桢发现不对，诗中所说的唐代的二月，都城长安不会有黄鹂出现。黄鹂是一种候鸟，它们秋去春来，一般在仲春时节的 4 月才会在黄河流域出现。为了验证自己的分析，竺可桢又查阅了先秦典籍《礼记》，在《礼记·月令》中找到了"仲春之月仓庚（鸧鹒）鸣"的记载，鸧鹒就是黄鹂。由此，竺可桢果断剔除了这类不切实的材料。

就这样，竺可桢孜孜不倦、坚持不懈，如同沙里淘金一样搜集整理了大量有价值的材料。1966 年，为了出席在罗马尼亚召开的一个国际会议，他据此用英文写成研究我国历代气候的重要论文——《中国近五千年来气候变迁的初步研究》。

3. 外国经验为我所用

新中国成立初期，西方国家对我国实行经济和技术封锁，我国只能向苏联寻求援助。竺可桢年轻时在美国留学，精通英文，并自学了德文和法文。新中国成立后，为了更好地向苏联学习，全国的学校都开设了俄语课，年逾六旬的竺可桢不甘落后，也开始学习俄语。

当时，他的老朋友、著名桥梁专家茅以升给他介绍了一位俄籍教师，竺可桢坚持每周至少学习四个小时的俄语。每天清晨，只要没有其他事情，他便一边听俄语唱片，一边跟着朗读。

对于一个60多岁的老人来说，学习一门新的外语并不是件容易的事情。但竺可桢用心专一、锲而不舍，经过一段时间的学习，他已经可以翻着俄语词典阅读俄文著作了。

一直以来，竺可桢都很注意学习新成果、借鉴外国先进经验。

在《中国近五千年来气候变迁的初步研究》一文中，竺可桢采取了近似验算的办法印证自己的研究结果，使他的研究建立在更加夯实可信的基础上，留给后人更加科学严谨的结论。

这篇论文得出4个令人大开眼界的结论：一是在近5000年中的最初2000年，即从仰韶文化到安阳殷墟，大部分时间的年平均气温比现在的年平均气温高出2℃左右。当时1月份的气温（也就是气温最低的月份），比现在1月份的气温高3℃~5℃。二是在那以后，气温时高时低，其中最低气温出现在公元前1000年（殷末周初）、公元400年（六朝）、公元1200年（南宋）和公元1700年（明末清初），浮动范围为1℃~2℃。三是在每一个400到800年期间，可以分出50~100年为周期的小循环，温度范围是0.5℃~1℃。四是在小循环中，任何最冷的时期，似乎都是从东亚太平洋海岸开始，寒冷波动向西传布到欧洲和非洲的大西洋海岸，并有从北向南的趋势。

上述结论主要是依据物候研究得出的。竺可桢说："物候是一种最古老的气候标志。"论文中引用的一些考古

第八章 熠熠生辉的科学精神

材料还来自最新的历史发现。竺可桢利用古史书所载物候材料研究最古老的气候标志，尝试掌握过去气候变动的规律，到底正不正确，有些人持怀疑态度，竺可桢也想用一种最新的科学方法来验证。

有一次，他在一本1965年出版的外国科技书中看到这样的内容：

1947年，丹麦哥本哈根大学的一位物理学教授发现了一种可以测定古代气候的新方法。那就是在丹麦北部的格陵兰岛（由于天气寒冷，这里终年被冰雪覆盖）用钻机打井，钻头不断往下钻，冰样一点点被取出。这里厚厚的冰是几十年、几百年、几千年，甚至更长的时间一层层堆积起来的。根据取出的冰样深浅的不同，经过科学的方法鉴定，可以判断出哪块冰样是几百年以前冻的冰，哪块冰样是几千年以前冻的冰。然后，根据冰样里面包含氧分子和氧的同位素的比例，又可以判断冻冰的时候，气温比较高还是相当低。

这是西方科学家测定古气候的新方法，也是一种相当科学的方法。竺可桢看后十分高兴。按照习惯，他把书名记了下来，并细心地记下页码：665—666页。

测定的结果如何呢？竺可桢就像清明时节盼望布谷鸟"小客人"那样，盼望早日知道格陵兰岛测定古气候的结果。但是，很长一段时间过去了，仍然没有得到消息。

这时，"文革"开始了，正常的工作秩序被打乱，学校里不能读书，中国科学院里也不让读书。竺可桢的办公室原本订了几本外国科技杂志，也被取消了。阅读外国科技杂志是竺可桢几十年来养成的习惯，不仅是他进行科研的需要，也是学习必需的，甚至已成为他生活中不可缺少的内容。这怎么能取消呢？后来，他听说中国科学院院部图书馆里还订有英国出版的《自然》杂志和美国出版的《科学》杂志，于是，他找来秘书，对秘书说："你经常到图书馆看看，《自然》和《科学》两本杂志一到图书馆，你就帮我借来。"

这以后，他一到办公室，头一件事就是翻阅这两种外文杂志。《自然》杂志每月四期，他一期不落，一旦发现与气象科研有关的内容，就立刻抄在笔记本上。

没过多久，他的秘书被下放，他每次到单位后，又总有事情要办，只能办完事再去借杂志，或者阅读时间无法保证，或者杂志已被借走。他听说中国科学院情报所的图书馆也订有这两种杂志，那里离他的住所不算太远，于是，他买了一张公共汽车月票，经常坐公共汽车去那里阅读。不巧的是，不久他便生了一场大病，疾病严重地损害了他的身体健康，再去挤公共汽车借阅外文科技杂志显然是不可能了。常言道：办法满地跑，看你找不找。作为一位爱读书、紧跟国外科研动态的老科学家，他总可以找到读书的办法。

这天,竺可桢到一位邻居家里做客,这位邻居在中国科学院地理研究所工作。邻居见竺可桢来了,忙把他请进屋里。寒暄几句后,竺可桢开口说想请他帮忙借阅《自然》和《科学》杂志。邻居表示很乐意帮他这个忙。从此,竺可桢又可以及时看到外国的科研最新成果了。和以前一样,他一期不落地翻阅,终于看到了他盼望已久的古气候测定结果。

1969年《自然》杂志第17期上,刊登了格陵兰岛近1700年来的气温升降图。这就是丹麦哥本哈根大学用最新的科学方法测定而来的结果。

1972年《科学》杂志第25期上,发表了另一张关于格陵兰岛气温的升降图,这张图记录了近3000年来岛上气温的升降情况。这也是用最新的科学方法测定出来的。竺可桢看完文章后,又在笔记本上认真地记下杂志期数及页码。

1972年,竺可桢在修改《中国近五千年来气候变迁的初步研究》一文时,决定用国外这种最新的科学方法验证自己的研究结论。

经验丰富的竺可桢在论文中以图表形式一目了然地展示了两种研究结果。他把自己的研究结果用一条虚的气温变化曲线来表示,这条曲线直截了当画出哪个朝代气温高,哪个朝代气温低。接下来,他把这条曲线与格陵兰岛雪线高度的曲线放在一起比较，惊喜地发现，两条曲线的波动几乎是一致的！

具体来看，公元 4 世纪，中国是比较寒冷的，格陵兰岛在那段时间也比较寒冷；唐朝时的中国比较炎热，格陵兰岛在那段时间也比较炎热；南宋和清初时，中国有两次降温，格陵兰岛在那两段时间也出现了降温情况。

由此可见，竺可桢的研究方法及得出的成果是完全正确的。他在论文的最后写道：

本文主要用物候方法来揣测古气候的变迁。物候是最古老的一种气候标志；用氧—18 和氧—16 同位素的比例来测定古代冰和水的古气温是 1947 年 W. D. Urry 的新发现，而两种方法得出的结果竟能大体符合，也证明了用古史书所载物候材料来做古气候研究是一个有效的方法。

作为一位通晓古今中外气候情况，并且能够融会贯通地加以运用，善于做到古为今用、洋为中用的科学家，竺可桢在那个时代是不可多得的。

4. 以科普向愚昧宣战

1973 年 10 月，竺可桢住进了北京医院。北京的秋天是一年中最好的季节，隔着病房的玻璃窗向外望去，秋日的晴空一碧如洗，一排排南飞的雁行掠过长空，绵长的叫声激起了竺可桢无限的遐思。他脑中像放电影一样回放了他过往的经历：他想到了儿时，想到了留美时期，想到了当年带着浙大学生一次次内迁避战，想到了新中国成立后"走四方"的考察和在中国科学院的点点滴滴。

中国科学院不时有人来看望他，地理研究所的代表来医院时，给他带来了修订后再版的《物候学》。

《物候学》是竺可桢与学生宛敏渭合著的科普杰作。这本书被出版界称为"既是一部物候研究方面的开拓性著作，又是一部富有实践价值的普及读物"。

这本书第一次出版后，竺可桢收到许多来自山西、四川、广西、河南、江苏、陕西、辽宁等地读者的来信，有的要求购书，有的反映问题，有的提出建议。这些信件给了竺可桢极大的鼓舞，但因事务性工作很多，他一直抽不出时间完善该书。这次生病，他有了大块空闲的时间，这些读者的反馈又激励他拖着病重的身体，对《物候学》进行修订。他结合相关领域最新的研究成果，增写了"一年中生物物候推移的原动力""物候学与防止环境污染及三废利用"等章节，再次出版。

捧着新版的《物候学》，竺可桢斜倚在病床上，一页一页轻轻地翻看着，久病而显得苍白憔悴的面容难得地透出了红晕，他的脸上也浮现出久违的笑容。

他在这一天的日记里写下自己的喜悦心情:"捧着修订后再版的《物候学》,内心的喜悦无以言表,仿佛见到了久别的孩子……"

作为我国科普事业的开拓者和领路人,竺可桢从青年时代起就开始在广大人民群众和青少年群体中开展科普教育工作。他说:"为什么需要更多的人了解科学呢?近代科学的进步如此迅速,已经使门外汉深感高深莫测,望洋兴叹。唯其如此,人民大众尤其不能不具有科学常识,如卫生常识、电气常识等。对于宇宙的常识,也应该人人具有。"

他是这样说,也是这样做的。他一生中写了许多涉及地理、气象、气候、物候、科学史、农业、海洋、医药卫生、航空、天文、自然的保护和改造的科普文章,这些文章深入浅出,语言生动有趣,避免陷入生涩说教的窠臼。竺可桢尽己所能、锲而不舍地向愚昧无知宣战,孜孜不倦地宣传介绍科学知识。

1926年,湖广大旱,农田荒芜,民不聊生。竺可桢当时在上海,看到政府官员在公署衙门里大设祭坛,向龙王祈雨。忧愤交加之下,他撰写了《论祈雨禁屠与旱灾》一文,发表在《东方杂志》上。文章开门见山地写道:本年(1926年)自入春以来,长江、黄河的下游,以及东北沿海一带,雨量极其稀少。于是各省政府当局纷纷把向老天爷求雨,要求百姓禁止屠宰牲畜家禽,作为当前抗旱救灾的唯一办法。

这样的做法若发生在欧美各国，必定会为国民所不齿，为舆论所不容，但在当时的中国却司空见惯。在科学昌明的时代，这样愚弄人民，对外令别国耻笑，对内则使广大国民更加愚昧无知。所以，确实有必要使广大民众了解旱灾的由来和对付灾害的方法，有必要使广大民众认识到科学的重要性，并学习科学知识。

为了让人民群众和政府官员了解祈雨是多么愚昧无知、误国误民，竺可桢以他渊博的科学知识，论述了雨的形成及变化规律，介绍了气温、气压、洋流以及太阳黑子与日光辐射对气候的影响，告诉人们旱灾的形成是各种气候条件综合作用的结果。对待旱涝灾害，唯一切实可行的方法是防患于未然，植树护林，兴修水利，广设气象站。这篇写于20世纪20年代的文章，不仅向广大人民群众宣传了有关旱涝形成的科学知识，而且对统治阶级的愚昧进行了毫不留情的鞭笞。

1932年发表在《国风》第10期上的《说云》，是竺可桢另一篇著名的科普佳作。这篇不到4000字的文章包含了大量的科学信息，从云的形成、云的类型、云与雨的关系以及云之美四个方面，简单明了地介绍了气象学中有关云的知识，其中还包括对全球雨量状况与干旱形成的原因、云量与日照之间关系的介绍。

这篇文章行文优美，富有诗意，堪称科普作品中的美

文。在"云之类别"一段,竺可桢用简约而形象的语言介绍了卷云、积云和层云三种常见的云。他写道:

卷云极细极薄,若薄幕,若马尾,或若丝之纤维,盖皆由冰针所集成者也,每现于风暴之先。……积云多见于日中,夏日尤甚,有如重楼叠阁者,有如菌伞凌虚者,又如群峰环列者,谚云"夏日多奇峰",即谓此也。积云虽为晴天现象,但堆积过甚,易成雷雨,苏东坡诗有"炮车云起风暴作"句,所谓炮车云者,即雷雨云也。层云作片状,近地者即谓之雾,现于朝暮之际,冬日较多,但鲜有降雨者,登高山见云海,殆皆是类云也。

在"云之美"一段中,竺可桢赞美了云雾的美丽,赞美了大自然的神奇。他写道:

至若云之美观,固已得明切之认识者久矣,溯自《竹书纪年》之《庆云歌》,"庆云烂兮,糺缦缦兮"……地球上之纯粹美丽者,唯云雾而已。他若禽鸟花卉之美者,人欲得而饲养之、栽培之,甚至欲悬之于衣襟,囚之于樊笼。山水之美者,人欲建屋其中而享受之;玉石之美者,人欲价购以储之;若西施、王嫱之美,人则欲得之以藏娇于金屋……至于云雾之美者,人鲜欲据之为己有……"山中何所有,岭上多白云。只可自怡悦,不堪持赠君"之句,言

第八章 熠熠生辉的科学精神

云之超然美,洵为至切之谈。其后苏东坡由山中返,途遇白云,若万马奔驰而来,遂启笼掇之以归,咏赋以记之,但归家笼子打开,云即飞散,云之终不得为人之所有也明矣。且云霞之美,无论贫富智愚贤不肖,均可赏览。地无分南北,时无论冬夏,举目四望,常可见似曾相识之白云,冉冉而来,其形其色,岂特早暮不同,抑且顷刻千变。其来也,不需一文之值;其去也,虽万金之巨、帝王之严,莫能稍留。

在这里,竺可桢不仅仅是在写云,写神奇的自然景观,他分明是在描绘一个科学家自由而广阔的精神世界,用诗人般的语言抒发他对大自然的向往和热爱,倾诉他对自己所钟爱的气象事业的一往情深,诉说气象事业给予他的种种乐趣。

新中国成立后,竺可桢最多时身兼中国科学院和有关美学会、政府及人大20多个领导职务,工作非常繁忙。即使这样,他仍然坚持科学研究,坚持写作科普作品,且数量和质量都超过了以往任何时期。

在他先后发表和未来得及发表的60余篇科普作品中,写于20世纪60年代的《向沙漠进军》是他这一时期优秀科普作品中的代表作。它是竺可桢为新中国青少年撰写的科普作品——《变沙漠为绿洲》中的一节。

这篇行文简洁的文章,科学而准确地说明了"沙漠是人类最顽强的自然敌人之一"。它埋没我们的园地，掩盖我们的屋宇，摧毁我们的森林。沙漠进攻的战线非常广泛，合起来可达地球上全部大陆面积的十分之一。所以，人类对沙漠的战争是一场具有世界意义的战争。

文中竺可桢列举了古今中外的实例，说明沙漠的形成是由于乱砍滥伐、放火烧山、人类战争等原因造成的。风沙吹起，尘埃蔽天，白昼变黑夜，人烟萧条，这些触目惊心的描写使人深感征服沙漠的必要性和迫切性。接着，竺可桢用形象的比喻说明了以水为武器，以种植草地和培护森林为盾牌来征服沙漠、阻挡风沙的重要性。

竺可桢还以自己亲身考察沙漠的经历为例，科学地阐释了鸣沙声音的形成以及海市蜃楼的成因。文章最后介绍了新中国成立10年来我国西部六省治沙取得的经验和成果，启发人们利用沙漠的巨大风力和强烈日照为人类造福。

除了写作简单易懂的科普文章外，竺可桢还在公共场馆设施方面加大科学宣传的覆盖面。现北京动物园对面的天文馆，是我国迄今为止唯一的、设备先进的普及天文知识的场所，千千万万中国人在这里接受了天文知识的启蒙教育。当初为了筹建这个天文馆，竺可桢付出了许多心血。

新中国刚刚成立不久，竺可桢率先倡议在北京修建天文馆。得到上级的支持批准后，他亲力亲为，参与了天文馆的整个设计建设过程。作为中德友好协会会长，他在访问民主德国期间亲自为天文馆选购仪器设备。从天文馆的开馆到布展，他都详细过问。

周口店北京猿人发掘遗址之所以被开辟为永久性的人类历史展览馆，也是因为竺可桢的极力主张。

竺可桢还是北京自然博物馆筹建委员会的委员，他竭尽全力，默默地做了大量工作，就是为了让这个向广大人民群众特别是青少年普及自然科学知识的博物馆早一天建成展出。

竺可桢付出宝贵的一生，在中国自然科学的原野上辛勤拓荒，他的身后留下了用科学知识耕耘过的土地，播下了科学和希望的种子，给后人留下丰富的气象知识及对科学研究的求索精神。

5. 最后的论文

1965年，竺可桢已是75岁的老人。近一年多来，他明显感到自己的身体在走下坡路。他的耳朵重听加剧，别人跟他说话时，如果离得稍远一些就会听不见；他的左手小拇指和无名指一直发麻；每当久坐后站立，他常常感到一阵眩晕，眼前发黑；皮肤瘙痒症令他夜不能寐，还有眼睛畏光、视力减退等症状；一直正常的血压也开始偏低，由高压100、低压70降至高压90、低压60。

竺可桢在日记中自嘲道："物体下滑时有加速度的物

理现象出现,是不是人到了一定年纪后,身体的衰老也有加速度呢?"尽管如此,竺可桢并没有放慢工作的节奏和减少工作量。

医生曾多次劝告他,行起坐卧都要放缓一些。但他一旦投入工作,就忘了身体不适,连时间、年龄,甚至医生的劝告都抛诸脑后。他还有许多事情要做,还有许多尚未完成的事业和心愿。

1965年,在竺可桢的直接组织和领导下,我国的地球科学工作者对青藏高原进行科学考察,获得许多珍贵的第一手资料,完成了这一举世瞩目的工作。

按照竺可桢的计划,接下来要在这次考察的基础上,全面深入地开展对青藏高原的各项科学考察工作。他向往那片神奇的土地,那是世界上海拔最高的高原,在地质学上又是自第四纪以来地质新构造运动中的最新隆起发育的地方。在地质构造、矿床的形成分布,以及对周围生态环境的影响等方面,都具有世界上其他任何地方所不具备的特点。

更重要的是,竺可桢期盼中国科学家能利用我国自然条件和自然资源的优势,尽快赶上和超过世界其他国家的科研水平,增强中国科研人员的信心,为人类的科学事业做出贡献。竺可桢认为,这既是中国科学家责无旁贷的任务,也是他个人义不容辞的责任。

多年来,竺可桢一直潜心研究历史气候变迁。工作之

第八章 熠熠生辉的科学精神

余,他还打算在过去研究的基础上,对这一课题做更深入的探索思考,尽早得出科学的结论。

20世纪70年代初期,国际气象学界刮起了一阵不大不小的"台风"。一部分人认为,曾经使地球表面某些地方出现冰雪覆盖的"小冰期"又将出现,许多现在没有冰雪的地方,将要被冰雪覆盖。一些学者还散布悲观情绪,似乎地球到了"毁灭的边缘"。

在这一背景下,1972年竺可桢重新修改他的论文——《中国近五千年来气候变迁的初步研究》。这篇论文是竺可桢于1966年写成的。当时为了出席在罗马尼亚召开的一个国际会议,他用英文写成。6年过去了,许多情况有了新的变化和发展,而竺可桢对许多物候材料、国际研究情况的掌握也比6年前又进了一步。但是,他的身体状况却大不如前。

1969年,竺可桢患了肺炎,因没有得到及时治疗,身体一下子垮了。他被迫停止了较为剧烈的体育锻炼,改做广播操、打太极拳;不久打太极拳也坚持不下来,就改为散步;最后散步也无力坚持,又改为工作一段时间,就站起身来做深呼吸。这样的身体情况,他还决定修改这篇论文,家人都为他捏了一把汗。

有一天,竺安来看望他,听说父亲要动手修改论文,便提醒他以前已经写过一稿了。

竺可桢说:"那是用英文写的。"

"找位同志翻译一下,不就可以了嘛。"

"不!我一边翻译,还要一边修改,有的段落要重写,有的段落要增加新内容。"竺可桢斩钉截铁地回答。

竺安担心他的身体吃不消,竺可桢却很有信心地说:"我可以坚持下来。"

亲人们都知道,这与其说是他对自己身体健康状况的信心,不如说是他对自己的工作有钢铁般的毅力和坚定不移的信念,正是这毅力和信念支撑着他用衰弱的身体去完成未竟的事业。

年迈加上身体原因,竺可桢修改论文的进度非常慢,有时一天也写不满一页纸。记忆力也乘虚而入地来"欺负"他,原来如同刀刻一般装在他记忆仓库里的材料,现在却一片空白。有时为了查阅一份很简单的材料,他不得不翻上一整天书籍、刊物、笔记。

竺可桢患有肺气肿,寒冷使他十分容易感冒,每次感冒都严重威胁他的健康,影响他的科学研究。受"文革"影响,他申请放弃国家分派的专用小汽车待遇,无论是到中国科学院图书馆、情报所查资料,还是上街购物、进行物候观察,他都乘坐公共汽车。由于年老体弱,他经常费尽全身力气刚刚挤上公共汽车,又被人群挤了下来。每次他上街,家人都提心吊胆,生怕发生什么意外。

在研究5000年来中国气候的变迁时,竺可桢搜集了无数材料。和他一起工作的人说:"这些材料都是像沙里淘金一样淘出来的，都是像大海里捞针一样捞出来的。"

确实如此，从最早的诗歌总集《诗经》到清朝章回小说《红楼梦》，仅这些名著就有成百上千部。而像李白、杜甫、白居易、苏轼、陆游这些著名诗人，每人都有几百首甚至上千首诗流传下来，要从那么多典籍诗歌中找出一两句关于物候和气候变迁的诗句，果真就像沙里淘金。比如说要找关于竹子的记载，应该到哪里去找呢？中国古代书籍中没有一本专门讲述竹子和气候变迁的关系，只有不计其数的关于竹子的诗、词、文章分散在浩如烟海的文学作品、地方志、游记、笔记、科学著作、医学著作中。以最完整的二十四史为例，它从黄帝一直写到明朝，如果把线装的二十四史一本一本摞起来，足有 9 米那么高，单独一本宋史就有 14 263 页。

为此，竺可桢兢兢业业、勤勤恳恳、一丝不苟地工作，日复一日，年复一年，花了几十年的时间，从浩如烟海的历史典籍中把关于气候变迁的材料挖掘出来。

明朝的高攀龙写了一本《武林游记》，其中有这样一段记载：有一年的农历八月十日，他外出游玩，看到桂花盛开。高攀龙所游武林实际是现在的浙江省杭州。对照了中国历史年代表后，竺可桢获知高攀龙外出是 1599 年，而农历、公历对照表表明那一年的农历八月十日是公历的 9 月 13 日。这个日期让竺可桢不禁联想：20 世纪的杭州桂花是什么时候开放的呢？

新中国成立以前，竺可桢在杭州居住多年，多次记录下桂花盛开的日期。他找来 1936 年和 1937 年的日记，果然，这两年都有记录：

1936 年 10 月 6 日，桂花始开。
1937 年 9 月 30 日，桂花开。

对比之下，明显可以看出高攀龙所处的时代，桂花盛开得早，也就是说那时的气候比现代要暖和些。

有一次，竺可桢借到一本清代刘献廷写的《广阳杂记》，卷二中有一段吸引了他：

长沙府二月初间，已桃李盛开，绿杨如线，较吴下气候约差三四十日，较燕都约差五六十日。

这种在记录中已经做了比较的史料，相当难能可贵。竺可桢马上把它摘抄下来，他一边抄一边想，如果再和自己的观测做个比较，也许更能说明问题。他走到书柜前，取出 1947 年和 1948 年的日记，其中记载：

1947 年 3 月 21 日至 25 日，南京和杭州，桃花均盛开。
1948 年 3 月 13 日，杭州桃李均开。

也就是说，20世纪40年代杭州的气候和刘献廷所处清初的长沙气候差不多。

在写《中国近五千年来气候变迁的初步研究》一文时，竺可桢为了找到这些例证，不知翻阅了多少史书史料，又耗费了多少心血。工作的重负使他的身体状况一天不如一天。有一次，他去首都机场迎接外宾，大家都站在停机坪旁等候，一阵寒风吹过，其他人没有任何感觉，而他却险些被吹倒。他瘦弱的身体已经禁不起折腾了。但是，他仍然没有停下手中的笔。

一天，他的外孙女来看望他，发现本来就清癯的外公现在不仅是皮包骨头，而且脸上满是倦容，于是心疼地劝他别再写了。

竺可桢摇了摇头，用缓慢而坚定的语调回答说："不能！"

"那么，您口述，我来给您记录，成吗？"

竺可桢又摇了摇头，仍然坚定地回答说："不成！"说着，他把手头的几页稿纸推给外孙女，然后又补充了一句："我一边写还要一边修改。"

为了帮上外公的忙，竺可桢的外孙女想出一个办法：外公已经改过的部分，由她抄写，然后外公再修改。竺可桢觉得这个办法还算可取，便接受了这个建议。

竺可桢的外孙女坐下来，铺开稿纸，一页一页地抄写起来。她想，应该尽可能抄得工整清晰，以便外公修改的时候看得清楚些。她抄了一页又一页，原以为很快就可以抄完，谁知等天黑下来，桌上还有一沓稿子没抄，她只得带稿子回家继续抄。

几天后，她把新抄完的一部分拿给竺可桢，恰巧竺可桢正在看她前几天抄好的稿子。她悄悄坐在外公对面，紧张地盯着他，担心自己是不是有抄错或者抄漏的地方。不一会儿，她看见外公的眉头皱了皱，接着把稿子放下，拿起红笔在一个字下面加了四个点。她凑过去一看，原来自己把"黑陶文化"抄成了"里陶文化"。接着，外公又在一个地方点了四个点。又过了一会儿，外公再次放下稿子，用红笔划掉一个"下"字，并且改为"背"字。是啊，一般人们都说"背风"，而不说"下风"。她越看越惭愧，后悔自己太粗心，稿子竟抄错这么多地方。等外公把前一部分看完后，她拿起稿子一看，原来还算工整干净的稿面，现在被勾画上一个个红圈圈，加上一行行红字。这些细小的错误，一个也没能逃过这位老科学家锐利的眼睛。这是多么严肃认真的科学精神啊！

竺可桢总共在外孙女抄写的稿子上做了303处修改。又过了几个月，经过反复校正的稿子拿去打印了，打印之后他又校对并修改。后来，稿子拿到杂志编辑部，打出校样，他再次仔细读校全文。

杂志社的工作人员把大样送来给他审阅，他从头到尾看一遍，个别地方仍然不满意，于是又拿起钢笔，继续修改润色。改完以后,他嘱咐来取稿子的编辑说:"开印以前,我还要再看看。"编辑感到为难,只得请他身边的同志和竺可桢商量:"没有大的变化,是否就不要变动了?"编辑婉转地说明情况,希望他别再修改了。

1972年12月,《中国近五千年来气候变迁的初步研究》在反复修改后,发表在当年的《考古学报》第1期(总第37期)上。

82岁的竺可桢用满腔热血浇灌出了这朵芬芳、绮丽的科研之花。此时距《南宋时代我国气候之揣测》的发表,已经过去整整半个世纪。

《中国近五千年来气候变迁的初步研究》一文是竺可桢凝聚近50年心血完成的一篇大作,他在文中既引用了大量中国古代的文献典籍,又介绍了现代科学研究的最新成果;既体现出博大精深的中国文化内涵,又不失科学的立论严谨、谨慎求证。

竺可桢的研究成果表明,地球上气温的变迁自古就有,是周期性、普遍性的,扎实的论证否定了当时国际流行的"世界将进入小冰河时期"的论点。

这篇论文发表后,受到国内外科学界的普遍重视。许多国家的自然科学杂志转载该文,并配发了评论。日本气候学家吉野正敏说:"在气候学研究的历史进程中,竺可桢起到了巨大的作用。他对古代气候的研究,走在了世界的前列。"英国《自然》周刊评论道:"竺可桢的论点是特别有说服力的,他的论著着重阐述了历史上气候变迁的经过。西方的气候研究学者无疑将为得到这篇综合性研究文章而十分高兴。"

1973年5月27日,周恩来总理在人民大会堂会见美国科学家代表团,竺可桢参加了会见。

这一天,北京的天气格外晴朗,已是初夏时节,绿树成荫,燕子在碧空中穿梭往来。在美国客人到来前,周总理和竺可桢亲切地交谈起来。周总理愉快地与竺可桢提到他写的《中国近五千年来气候变迁的初步研究》,对他取得的学术成果表示祝贺,称赞这一成果在国际上受到重视,为中国科技界争了光。

会见后第二天,竺可桢召集中国科学院有关人员到自己家中,向他们传达了周总理对科学家们的希望及对气候变迁问题进行更深入研究的要求,并决定以此为主题召开一个座谈会。

几天后,座谈会如期召开,但竺可桢的肺气肿却转成了肺心病,他抱病出席座谈会,之后便卧床不起。

竺可桢很清楚,在中国的气候变迁研究领域,还有很多工作要做。他对自己的一个学生说:"《中国近五千年来气候变迁的初步研究》只谈了历史上气候如何变迁,而没有涉及历史上的气候为什么会变迁。只谈了How,而没有谈Why……"

他知道当时的健康状况已经不允许他继续钻研这项他

热爱和熟悉的科学研究了，只能寄希望于引导后学继续研究下去。这是他未了的心愿，也是他几十年来孜孜以求的事业。

6. 嵌入生命的气象事业

1971年春节，81岁的竺可桢回首往事，感慨万千，提笔写下一首五言《无题》：

> 光阴似流水，逝者不停留。
> 新旧交替速，一日如三秋。
> 电弧代油烛，塑料顶棉绸。
> 腾云不足道，广寒可漫游。
> 昔称病夫国，今反帝与修。
> 工农秉国政，士子牧羊牛。
> 物富仓廪足，人勇大江泅。
> 我生仅八十，胜于千古周。

诗中，竺可桢表达了自己一以贯之对科学救国事业的执着和乐观豁达的心态，他对生活充满了热爱，对国家的未来充满信心。

但是1973年后，竺可桢的健康状况一天不如一天。

中国科学院机关位于北京三里河，83岁的竺可桢有时需要去那里处理事务。他的办公室设在二楼，爬二三十节台阶上到二楼，他需要休息两三次，常常累出一头虚汗。

在家里看书，他也只能坚持一个多小时。他的呼吸机能日渐衰竭，呼吸能力只有普通人的七分之五，肺活量只及常人的三分之一，稍一活动就气喘不已。

当时，海外的科学研究水平普遍高于中国，为了能够广泛联系更多的海外科学家，竺可桢以极大的毅力，尽可能多地参加一些外事活动。他渴望为中国贫瘠的科研园地"施肥"、吸取更多的知识和先进的技术。

这时随着中美关系的解冻，两国关系逐步正常化，一批又一批美籍华裔科学家在离开中国几十年后返回故里观光省亲。中美科学家之间又展开了正常的学术交流，这是竺可桢盼望已久的事情。

一批批科学家回来了。著名的物理学家杨振宁、李政道，著名的数学家陈省身，早年与竺可桢同船赴美的好友赵元任，都回到了故土。

尽管身体十分虚弱，竺可桢还是振作起精神，以中国科学院副院长和中国科协副主席的身份参加了接待工作。

工作之余，竺可桢还特别关心早年的旧友和学生，希望能更多地向他们介绍祖国科学事业的发展和需要，希望他们能为祖国的建设事业和科学事业的发展贡献力量。

春夏之交，杨花飞絮，槐花飘香。竺可桢的肺心病又

第八章 熠熠生辉的科学精神

犯了,他又一次住进医院,从未有过的衰竭感涌上心头,他预感到生命的终点即将来临。

住院期间,竺可桢回顾了自己的人生。在历史长河中,每个人的一生都不过是一瞬间。人的生命是短暂的,而人所为之献身的事业则可以永恒。想到这些,竺可桢十分欣慰。他在给老朋友、西北农学院院长辛树帜先生的信中写道:"我们应以达观为怀,有生必有死,这是科学的规律……我们生逢其时,一生可以胜过古代千载,我们是多么幸运!"

在生命最后的时日,竺可桢放心不下的,仍是自己为之奋斗了一生的气象科研事业。

一个从事气象科研的学生来探望他,谈起论文《中国近五千年来气候变迁的初步研究》,竺可桢吃力地摇着头说:"这只是初步研究,还有很多工作没有做……"他一遍遍地嘱咐学生一定要把研究坚持下去。他相信自己的学生能继续这方面的研究工作,将中国甚至世界气象学研究提升到一个新高度。

竺可桢记了一辈子日记,他的日记伴随了他一生。在最后的日子,他的日记依然记载着:

1973 年 6 月 6 日

往年 5 月底就可以在北京城里听到布谷鸟叫,而今年直到今天还未曾听到。可能是空气、土壤污染,造成大批候鸟死亡的缘故。

……

1973 年 6 月 23 日

吴世昌来信提到关于渤海完全结冰的一次记录，是我所不知道的。

这个记录在《资治通鉴》卷九五，晋成帝咸康二年（公元 336 年）。以后修改论文一定用上此材料。

……

1973 年 7 月 13 日

审阅《中国近五千年来气候变迁的初步研究》中译英文稿。

……

1973 年 12 月 31 日

苏联气象学界又在宣传全球气候变冷的消息，说列宁格勒（今圣彼得堡）近些年来比 1940 年前后低了 1 ℃。我在《中国近五千年来气候变迁的初步研究》中已指出，这类摄氏度上下的变化，在过去 5000 年中极为普遍，算不得地球变冷的证据。

……

1974 年 1 月 23 日，是中国人民最重视的传统节日春节。这段时间，竺可桢的病情较稳定，精神也很好。自住进医院后，他已经有半年没有回家了。医生根据他这段时

第八章 熠熠生辉的科学精神

间的病情,同意让他回家过年,与亲人团聚,并再三嘱咐他和夫人陈汲,必须注意保暖,千万不能感冒。

1月20日,竺可桢回到家里。1月22日,除夕夜。回家团聚的儿女吃过了年夜饭,怕影响竺可桢休息,便早早回到各自的住处。竺可桢安安静静地躺在床上,看陈汲一个人忙里忙外,收拾家务。

"允敏。"竺可桢轻轻叫了一声。允敏是陈汲的字,平日里只有竺可桢这样称呼她。

陈汲应了一声,端来一杯水送到竺可桢的床头。

"允敏,我身后有一件事要办。"

"什么事呀?大过年的,以后再说不行吗?"陈汲连忙打岔。

竺可桢摇摇头,一脸严肃地说:"这是一件很重要的事。"

原来,竺可桢想把女儿名下的一笔存款,在他走后全部作为党费上交给党组织。这笔存款是怎么回事呢?自1966年8月"文化大革命"的政治风暴迅猛刮起以来,竺可桢主动申请把自己的工资削减三分之一,但党组织没有同意他的要求。于是,竺可桢就逐月把工资的三分之一拿出来存入银行。7年过去了,这笔存款数额已达11 000余元,而在此期间,他们全家开支即使在入不敷出的情况下,竺可桢也从来没动用过那笔存款,这种自律精神不能不让后人感叹。

竺可桢对陈汲说，对子女不可溺爱，要教育他们自强自立，绝不能让他们有依赖父母的心理，给子女留下多余的钱，等于给他们留下祸害。

在这个窗外鞭炮声声、窗内静悄悄的除夕夜，竺可桢郑重其事地对陈汲谈及这些，陈汲知道他是在交代后事，强忍着眼泪答应了他。

1974年1月23日，大年初一，小院里仍很安静，远远地传来鞭炮声和孩子们的嬉笑声。

陈汲谢绝了一切来访求见的客人，只让竺可桢的外孙女婿、高能物理学家汪容进到竺可桢屋里。竺可桢呼吸很吃力，说话的声音很低。他向汪容了解高能物理研究领域中有关粒子和层子模型的一些问题，还问及国际理论物理研究的前沿课题。汪容一一回答了他的问题。

每当谈及这些科研话题，竺可桢的神情就特别专注。陈汲注意到，竺可桢的眼睛里释放出一种她熟悉的神采，那是智慧的光亮，是科学之光照耀下的幸福模样。

1月24日，大年初二，竺可桢低烧并发肺炎，再次住进北京医院。2月6日，竺可桢病危。

病危中的竺可桢用颤抖的手，写下了一生中最后一页日记：

1974年2月6日，气温最高零下1℃，最低零下7℃。东风一至二级，晴转多云。

第八章 熠熠生辉的科学精神

他吃力地写完这些以后，又提起笔来，缓缓在旁边注上"局报"两个字。之后，他仿佛完成了一件心事，深深地呼出一口长气。

一直以来，每天在日记上记录的气温，都是竺可桢亲自到室外用温度表测定的，这是他从青年时代就养成的习惯。但这一天的气温，他却只能按照天气预报记录了，所以，他特意注明"局报"。在生命的最后一刻，他以气象学家一以贯之的严谨认真，留下了最后一次天气记录。

1974年2月7日凌晨4时35分，竺可桢停止了呼吸。中国自然科学史上一颗明亮的巨星陨落了。

1984年，是竺可桢逝世10周年。中国科学院在北京举行了竺可桢逝世10周年纪念会，并设立了"竺可桢野外科学工作奖"，以纪念中国这位杰出的科学家和教育家、地理学和气象学的一代宗师。竺可桢曾工作和生活多年的南京市也成立了竺可桢研究会，这个研究会后来发表了许多科研成果来向前辈看齐。

改革开放为九州大地带来了经济的腾飞，为科学昌明吹响了号角。在"尊重知识，尊重人才"蔚然成风的时代，人们格外怀念那位在风雨如晦的岁月中坚守浙江大学校园的校长和在数个领域中做出过杰出贡献的科学家。

1987年4月1日，是浙江大学建校90周年纪念日（后改为5月21日为校庆纪念日），海内外数以千计事业有成的校友相聚在浙大。

　　这一天，一座高 2.9 米的竺可桢全身铜像在浙江大学校园与众人见面。在阳光照耀的草坪上，竺可桢谦和地微笑着面对从海内外赶来参加揭幕仪式的浙大校友。其中有许多曾经是他的学生，他们中的很多人已经成为国内外有名的专家学者。但无论身在何处，他们都不会忘记在那些艰难岁月里，竺可桢对他们的教诲。浙江大学的"求是"校训已经化作巨大而无形的精神财富，指引他们在漫漫人生路上稳健前行，并将永远传承下去，造福中华民族的子子孙孙。

　　科学事业的兴旺发达，祖国的繁荣昌盛，是竺可桢一生的夙愿。如今，他终于看到了！浙江大学校园里那些青春洋溢的面孔、随风飘动的黑发、充满活力的身影，是振兴中华民族科学文化的希望所在，也是他永远看不够的最美丽的风景！

附录1　学习和继承竺可桢先生的宝贵思想和学术遗产
——在纪念竺可桢诞辰120周年座谈会上的讲话

中国科学院院士　路甬祥

2010年3月26日

尊敬的各位来宾、各位专家，同志们：

大家上午好！

今年3月7日，是我国20世纪著名的科学家、教育家竺可桢先生诞辰120周年的纪念日。今天我们在这里隆重集会，共同缅怀竺可桢先生对我国科技和教育事业的卓越贡献，继承和弘扬他一生坚持和倡导的爱国、求是精神，对于引导激励广大科技和教育工作者更好地服务国家人民，具有十分重要的意义。

竺可桢先生是我国现代气象学和地理学的奠基人，在台风、季风、中国区域气候、农业气候、物候学、气候变迁、自然区划等领域，取得过辉煌的成就；先生是我国现代教育的先行者和实践家,他执着的"求是"精神、先进的教育思想和卓越的办学成就,在我国教育史上书写了光辉的篇章;先生是中国科学院和中国科学院学部的奠基人和卓越的领导者之一,领导和直接指导了我国自然区划综合考察、国家大地图集编纂、地学规划制定、自然科学史研究等工作,为新中国科技大厦的奠基立业、为中国科学院的建立和发展做出了卓越贡献。

竺可桢先生一生笔耕不止,为我们留下了丰富的思想和学术遗产。关于竺老的学术成就,近30年来在我国科技界和教育界已经有了大量的研究、讨论和介绍,在上海科技教育出版社和众多学者的共同努力下,《竺可桢全集》编纂这一重要科学文化工程已近完成。我作为《竺可桢全集》的编委会主任与闻其事,有机会系统学习了竺可桢先生的思想,今天借此机会谈几点体会,与同志们共勉。

作为我国现代气象科学的奠基人,竺可桢先生始终关注并"尽毕生之力"开展气候变化研究。他关于气候变化的一系列奠基性研究,对于我们今天认识这一全球重大问题,具有重要的科学意义。早在1925年,先生连续发表了《南宋时代我国气候之揣测》等四篇论文,提出了由中国历史文献中的气候记载来探究气候长期变化的新途径,成为我国历史气候变化研究的开创性文献。他对于这个问题的关注始终不懈,于1972年发表了《中国近五千年气候变迁的初步研究》,给出了中国5000年温度变化趋势曲线和过去5000年期

附录1 学习和继承竺可桢先生的宝贵思想和学术遗产

间四个冷暖期相间出现的重要论述,至今仍是研究全球气候变化的经典之作。竺可桢先生尽毕生之力,厚积薄发,以他深刻的科学洞察力和独特的工作方式,及时将所见、所知的早期气象观测记录作了详尽记述,为我国气象科学的发展乃至今天的气候变化研究提供了重要的科学基础。更为可贵的是,他以严谨的科学态度和求是的科学精神,提出"近三千年来,中国气候经历了许多变动,但它同人类历史社会的变化相比毕竟缓慢得多,仅根据零星片断的材料而夸大气候变化的幅度和重要性,这是不对的"。对我们今天科学理性地认识气候变化问题具有醍醐灌顶之效。

作为"可持续发展"的思想先行者,竺可桢先生始终从科学视角,关注着中国的人口、资源和环境问题。他不仅在学理上大力关注可持续发展的相关理论问题,而且知行合一,在经济社会发展实践中倾力躬亲。早在20世纪20年代,他即开始撰文关注我国的人口问题,1926年,他通过江浙两省人口问题的研究,认为降低人口密度是一个"不可缓之举"。新中国成立以后,他在历次人民代表会议上,一再呼吁国家对于人口"应有一个政策,不能任其自由发展"。

20世纪50年代后,面对人口陡增的形势,他在著作和日记中对我国在人口和资源双重压力下的前途充满忧虑,1962年,他在日记中写下了"节制生育和水土保持乃当今之急务"。在《要开发自然必须了解自然》等一系列具有代表性的论文中,提醒国人的环境意识;1963年,他向中央提交了《关于自然资源破坏情况及今后加强合理利用与保护的意见》的建议书,将环境问题引入第一代党和国家领导人的视野,对于当时我国一些省份只顾大量开垦荒地荒山、置水土流失于不顾的做法,撰文提出了批评并建议有实地勘察的必要。竺可桢先生的这些重要思想与建议,在当时中国强调战天斗地、人定胜天的大环境中,是十分难能可贵的。从世界可持续发展思想形成的历史进程看,这些思想的提出,标志着中国科学家较早地、独立地关注并提出研究人口、资源和环境问题,是我国科学界对"可持续发展"理念具有前瞻性的早期探索。

作为我国现代教育的先行者和实践家,竺可桢先生担任浙江大学校长13年,使浙大成为全国著名大学之一。在抗日战争烽火中,他率领浙大师生员工播越千里,不仅保全和培植了数量极为可观的教育和科技人才,而且在严酷的条件下使浙大迅速崛起。他提出并实践了"办中国的大学,当然须知道中国的历史,洞明中国的现状,我们应凭借本国的文化基础,吸收世界文化的精华,才能养成有用的专门人才;同时也必根据本国的现势,审察世界的潮流,所培养成的人才才能合乎今日的需要"的办学理念,强调"大学教育的目标,决不仅是造就多少专家如工程师、医生之类,而尤在乎养成公忠坚毅,能担当大任、主持风尚、转移国运的领导人才"。在竺可桢校长的领导下,在抗日战争极端困难的条件下,浙江大学师生坚持办学,开展学

附录1 学习和继承竺可桢先生的宝贵思想和学术遗产

术研究,培养出在国内外有影响的一大批杰出人才,成就了被李约瑟博士誉为"东方剑桥"的历史辉煌;他倡导"求是"精神,极力主张"排万难冒百死以求真知""只问是非,不计利害",更是对当今大学的治学之道、办学之策有着积极的借鉴意义。竺可桢先生执着的求是精神、注重通才教育、尊崇学术自由、教育与研究结合等卓越的教育思想,更成为我们当前推进教育改革和发展教育事业的宝贵历史财富。

作为中国科学院和中国科学院学部的奠基人和卓越领导者之一,竺可桢先生为发展新中国科学事业打下了坚实的基础。他于新中国成立之初担任中国科学院副院长,分管生物和地学领域,在前中央研究院和北平研究院等原有基础上,领导重新组建了一批新的研究机构,以其在科学界和教育界的声望,在实现平稳过渡中发挥了无可替代的作用。先生于1955年当选为第一批中国科学院学部委员并兼任生物地学部主任,他尊重人才、知人善任、吸引和保护人才的实际行动给我们留下了许多感人的事例。他参与组织领导了我国"12年科学技术发展远景规划纲要";主持了全国范围内的自然区划和自然资源考察工作,亲自筹划建立了中国科学院自然资源综合考察委员会,为国家宏观规划和区域发展提供了最宝贵的第一手资料;与此相随,在全国布置了初具规模的研究机构和观测台站网络,并直接带动冰川、冻土、沙漠、青藏高原综合研究等许多新兴研究领域的发展,填补了多项学科空白，为我国科学研究事业的全面繁荣打下了坚实基础，竺可桢先生为此做出了重大贡献。

　　竺可桢先生离开我们已经 36 年了。我个人曾受业和执教于浙江大学，后任职于中国科学院，虽无缘直接聆听竺老面诲，但有幸继承和弘扬他开创的事业。竺可桢先生诞生于庚寅年，到今年正好是两个甲子的轮回。在这 120 年中，包括竺可桢先生在内的中国知识阶层对科学和现代化的百年追求，一直是中华民族复兴的强大动力。新中国建立特别是改革开放以来，中华大地发生了翻天覆地的巨大变化，我国进入了实现现代化和民族振兴的战略机遇期。

　　当前，党和人民对科技和教育事业的发展寄予厚望。我们缅怀竺可桢先生，就是要继承和发展他未竟的事业，不断提升科技自主创新能力，培养德才兼备的高层次创新创业人才，用科技引领和支撑我国的可持续发展；就是要学习和发扬光大他崇高的精神，特别是他毕生倡导的"求是"的科学精神，"努力为国，以天下为己任"的爱国情怀，"只问是非，不计利害"的治学态度，联系实际、不骄不躁、循序渐进的严谨学风；就是要坚持解放思想，求真唯实，改革创新，在全面贯彻科学发展观、落实科教兴国战略、建设创新型国家和实现中华民族伟大复兴的历史进程中，不断作出新的更大的贡献！

　　谢谢大家！

附录2 竺可桢大事年表

1890年3月7日，出生于浙江绍兴东关镇。

1905年，从东湖通艺学堂毕业，秋季入上海澄衷学堂学习。

1908年春，因作为学生代表要求澄衷学堂撤换不称职的教师未成功，被迫转入复旦公学学习。

1909年，考入唐山路矿学堂（今西南交通大学）学习土木工程。

1910年，考取第二期留美庚款公费生，入伊利诺伊大学农学院学习。

1913年，从伊利诺伊大学毕业。同年进入哈佛大学地学系，研读气象学。

1915年，获得哈佛大学硕士学位，留在哈佛大学继续深造。经赵元任介绍加入中国科学社，负责《科学》月刊的编辑工作，并积极参与社务活动。

1917年,被吸纳为美国地理学会会员,并获哈佛大学爱默生奖学金。

1918年,以论文《远东台风的新分类》获哈佛大学气象学博士学位。秋,返回中国,在武昌高等师范学校(今武汉大学前身)讲授地理和天文气象课。

1920年年初,与张侠魂结婚。秋,任南京高等师范学校地学系主任,讲授气象学、地质学等。

1921年,出任东南大学地学系主任,建立了中国大学中的第一个地学系。

1923年,当选为中国科学社讲演委员会主任。

1925—1926年,任商务印书馆编辑、南开大学教授。

1927年,重返东南大学任地学系主任;参加第三届泛太平洋科学会议。

1928年,辞去东南大学地学系主任职务,任气象研究所所长,在南京北极阁筹建气象研究所及气象台;出版了中国第一部近代气象学著作《气象学》。

1929年,开办气象练习班,培养测候技术骨干;被选为中国气象学会会长。

1933年,入选第五届泛太平洋科学会议中国代表团并担任首席代表。

1934年,与翁文灏等人发起成立中国地理学会,并发刊《地理学报》。

1935年,派人筹建拉萨测候所,被选为中央研究院评议员。

1936年，任浙江大学校长，兼气象研究所所长。

1937年，1月赴港参加远东气象会议，因我国代表受歧视，中途退场，以示抗议；11月，率浙江大学师生迁至浙江建德。

1938年，2月，浙江大学师生从浙江迁至江西泰和，派员赴浙江搬运文澜阁四库全书；4月，到重庆处理气象研究所事务；7—8月，次子竺衡、夫人张侠魂病故。11月，决定以"求是"为浙江大学校训。浙江大学迁往广西宜山。

1940年，率浙江大学师生迁至贵州遵义、湄潭；与陈汲结婚。

1945年，组织浙江大学迁回杭州，后增设医学院。

1946年8月，被选为国际气象学会气候学委员，参加中国代表团出席联合国教科文组织成立大会。

1947年，赴美国参观访问；处理"于子三事件"。

1948年，被选为中央研究院院士；营救、保护爱国进步学生。

1949年，4月婉拒教育部部长杭立武赴沪去台命令，只身在沪暂居。7月，应邀至北平参加全国自然科学工作者代表会议筹备会、全国教育工作者代表会议筹备会。9月，先后参加人民政协筹备会议、中国人民政治协商会议第一届全体会议。10月1日，参加中华人民共和国成立大典，在天安门城楼观礼。11月，中国科学院成立，被任命为中国科学院副院长兼计划局局长。

1950年，当选为中华全国自然科学专门学会联合会全国委员会委员、中华全国科学技术普及协会副主席。

1951年10月，赴周口店考察，并为保护北京猿人化石地点一事致函文化工作委员会主任郭沫若。

1953年，开始冬小麦的物候观测工作，继而又进行棉花、水稻的物候观测；9月，主持中国科学院北京猿人化石展览馆开幕仪式并致词。

1954年，赴呼和浩特等地考察黄河流域水利；赴西安筹建中国科学院西北分院；主持北京地震烈度和材料鉴定工作会议。

1955年，被选聘为中国科学院学部委员，兼任生物学地学部主任；参加北京天文馆筹备工作；视察山西诸县水土保持工作情况。

1957年，举行自然地理分区的学术报告会；把农作物物候的观测工作推向全国；考察华南热带植物资源、黑龙江流域情况。

1961年，长子竺津去世，作七律《哭希文》。在竺可桢的指导下，由中国科学院地理研究所主持建立了全国物候观测网，制订《物候观测方法（草案）》，确定了国内共同物候观测种类。

1962年6月，以72岁高龄加入中国共产党，预备期为一年。

1963年，在全国人民代表大会上呼吁开展自然保护工作、设立自然保护区；向中央建议设立海洋局；与宛敏渭合著的《物候学》出版;转为中国共产党正式党员。

1964年,发表《论我国气候的几个特点及其与粮食作物生产的关系》,毛泽东看到此文专门请他到中南海面谈。

1965年,召集有关科学家讨论我国研制人造卫星问题;修订完成《物候学》增订版稿件。

1966年,参加罗马尼亚大使馆代表罗马尼亚科学院授予竺可桢为罗马尼亚科学院名誉院士的仪式;完成《中国近五千年来气候变迁的初步研究》英文初稿;率代表团赴罗马尼亚参加罗马尼亚科学院100周年纪念活动;将绍兴东关镇故居赠给政府。

1969年,因患肺炎,住北大医院治疗。

1970年,与时任中国科学院负责人刘西尧讨论科学院今后工作,提出要搞基本理论首先要加强科学院的理化研究实力。11月,对科学院的体制调整工作提出建议,科学院应掌管物理、化学、数学、生物、地学等基础研究。

1971年,应邀参加周恩来总理欢迎物理学家杨振宁的宴请招待。

1972年,中国科学院领导体制尚未完全恢复,与副院长吴有训一起承担了大量对外接待工作,如接待英国皇家学会霍奇金代表团、哈佛大学中国研究室主任费正清、英国学者李约瑟夫妇、美籍华人科学家回国参观团、越南考古代表团等。

1973年,三度住院;《物候学》增订版正式出版。

1974年2月7日,在北京去世,享年84岁。

后 记

关于竺可桢、华罗庚、苏步青、童第周等科学家，相信很多人在中小学课本里对他们的事迹就有些了解。他们爱国敬业、勇于探索、自力更生、发奋图强的精神和淡泊名利、甘为人梯的高尚人格，一直令我深受鼓舞，这种情怀也伴随着我成长。参加工作后，编撰一套科学家榜样丛书，让他们的精神广为传承与发扬，让不同年龄层的读者通过阅读他们的事迹得到精神方面的滋养，也成为我的一个心愿。

在一次选题论证会上，大家畅所欲言、各抒己见，我也说出了多年来深藏心底的想法，结果得到同事们的极大认可，并且都跃跃欲试，想要参与其中，这让我心里有说不出的高兴与感动。很快，我将本套丛书的策划案以电子邮件的形式发给华中科技大学出版社大众分社的亢博剑社

后 记

长,几天后收到亢博剑社长的回复。他在邮件中明确表示,总社、分社一致通过了本套丛书选题,希望尽快组织编写,争取早日付梓。在此,谨向华中科技大学出版社总编姜新棋、大众分社社长亢博剑及所有参与审校的编辑老师表示深切的感谢!

选题确定后,公司马上成立了编写团队,一方面联系科学家的家人、好友及同事进行采访,一方面到各省市的纪念馆搜集一手资料,然后进行整理、归档、撰写。为了保证史料的严谨性,我们查阅了大量资料;为了更好地诠释老一辈科学家的科学精神和家国情怀,我们对书中的文字反复进行修改润色。经过将近一年的努力,初稿完成,并特邀海军大校、《海军杂志》原主编、海潮出版社原社长刘永兵编审校。本套丛书还有幸得到了中国工程院原党组成员、秘书长兼机关党委书记,曾任钱三强院士专职秘书多年的葛能全先生审订。初次拜见葛老时,我们介绍了出版这套丛书的初衷及编写过程,葛老赞许道:"你们还坚持这份初心,不容易!我对这套丛书的 10 位科学家颇为了解,他们也是我的青年导师。"葛老当场提出无偿帮助我们审订这套丛书。从 2019 年 5 月初至 2019 年 10 月底,葛老不畏暑天炎热,对 10 本书稿进行了逐字逐句的审校,并提出许多宝贵的修改建议。

在本丛书的编写过程中,李建臣先生于百忙之中也给予了许多宝贵的指导和建议,并在团队多次真挚的邀请下,同意担任本套丛书的主编。

  在此谨向葛能全先生、李建臣先生、刘永兵先生致以诚挚的感谢和崇高的敬意！

  由于编者水平有限，加上本丛书涉及人物众多，难免有不准确、不妥当之处，尚祈广大读者批评指正。